Johann Gottlieb Fichte

Grundriss des Eigenthümlichen der Wissenschaftslehre

in Rücksicht auf das theoretische Vermögen als Handschrift für seine Zuhörer

Johann Gottlieb Fichte

Grundriss des Eigenthümlichen der Wissenschaftslehre
in Rücksicht auf das theoretische Vermögen als Handschrift für seine Zuhörer

ISBN/EAN: 9783743648074

Hergestellt in Europa, USA, Kanada, Australien, Japan

Cover: Foto ©Thomas Meinert / pixelio.de

Weitere Bücher finden Sie auf **www.hansebooks.com**

Grundriſs

des

Eigenthümlichen

der

Wiſſenſchaftslehre

in

Rükſicht auf das theore

---

als

Handſchrift für ſeine Zuhörer

von

IOHANN GOTTLIEB FICHTE.

Jena und Leipzig

bei Chriſtian Ernſt Gabler.

1795.

Folgende Drukfehler bittet man zu verbeſſern.

S. 11. Z. 11. v. u. ſoll in *empfunden*, *emp.* mit Curſiv, und *funden* mit gemeiner Schrift gedrukt ſeyn.
22 — 13. l. *inwiefern* st. *wofern*
28 — 13. l. *vorkommt* st. vorkommen
   11. v. u. *und* st. *un*
31 — 9. l. *in ihr* st. *ihr in*
32 — leztes Wort *dem* st. *des*
45 — 4. l. *ruhend* st. ruhen
47 — 6. l. *Ich* st. *Nicht-Ich*
63 — 13. l. *auf* st. *auch*
72 — 5. l. *einen* st. *keinen*
76 — 13. l. *den* st. *dem*
79 — 4. v. u. l. *Subſtans* st. *Subſtant*
   3. v. u. l. *Accidens* st. *Accident*
80 — 15. l. beide st. deide
81 — 10. v. u. l. *nichts* st. *nicht*
83 — 9. v. u. l. *iſt* st. st.
84 — 7. l. *derjenige* st. *dasjenige*

Die übrigen Drukfehler wird der geneigte Leſer leicht ſelbſt bemerken.

§. 1. Begriff der besondern theoretischen Wissenschaftslehre.

Wir sind in der Grundlage der gesammten Wissenschaftslehre zur Begründung einer theoretischen ausgegangen von dem Satze: das Ich sezt sich als bestimmt durch das Nicht-Ich. Wir haben untersucht, wie, und auf welche Weise etwas diesem Satze entsprechendes als ursprünglich im vernünftigen Wesen vorhanden gedacht werden könne. Wir haben, nach Absonderung alles unmöglichen, und widersprechenden die gesuchte einzig mögliche Weise aufgefunden. So gewiss nun jener Satz gelten soll, und so gewiss er nur auf die angezeigte Weise gelten kann, so gewiss muss dieselbe als Faktum ursprünglich in unserm Geiste vorkommen. Dieses postulirte Faktum war folgendes: auf Veranlassung eines bis jezt noch völlig unerklärbaren, und unbegreiflichen Anstofses auf die ursprüngliche Thätigkeit des Ich producirt die zwischen der ursprünglichen Richtung dieser Thätigkeit, und der durch die Reflexion entstandne — schwebende Einbildungskraft etwas aus beiden Richtungen zusammengesezies. Da im Ich, laut seines Begriffes, nichts seyn kann, das es nicht in sich setze, so muss es auch jenes Faktum in sich setzen, d. i. es muss sich dasselbe ursprünglich erklären, vollständig bestimmen, und begründen.

Ein System derjenigen Thatsachen, welche in der ursprünglichen Erklärung jenes Faktum im Geiste des vernünftigen Wesens vorkommen, ist eine theoretische Wissenschaftslehre überhaupt; und jene ursprüngliche Erklärung umfafst, das theoretische Vermögen der Vernunft. — Ich fage mit Bedacht: die *ursprüngliche Erklärung* jenes Faktum. Dasselbe ist ohne unser wissentliches Zuthun in uns vorhanden; es wird ohne unser wissentliches Zuthun, blofs durch, und nach den Gesetzen und der Natur eines vernünftigen Wesens erklärt; und die verschiednen unterscheidbaren Momente im Fortgange dieser Erklärung find neue Thatsachen. Die Reflexion geht auf das ursprüngliche Faktum; und dies nenne ich denn die ursprüngliche Erklärung. — Etwas ganz anderes ist die wissentliche, und wissenschaftliche Erklärung, die wir bei'm transscendentalen Philosophiren vornehmen. In ihr geht die Reflexion eben auf jene ursprüngliche Erklärung des ersten Faktum, um dieselbe wissenschaftlich aufzustellen.

Wie das Ich im allgemeinen jenes Faktum in sich setze, haben wir schon in der Deduktion der Vorstellung überhaupt kurz angezeigt. Es war dort von der Erklärung dieses Faktum *überhaupt* die Rede, und wir abstrahierten völlig von der Erklärung irgend eines besondern unter diesen Begriff gehörigen Faktum, *als eines besondern*.

Dies kam lediglich daher, weil wir nicht in alle Momente dieser Erklärung eingingen, noch eingehen konnten. Sonst würden wir gefunden haben, dafs kein dergleichen Faktum, als Faktum überhaupt sich vollständig bestimmen lasse, dafs es nur als besonderes Fak-

Faktum völlig bestimmbar sey, und daſs es jedesmal ein durch ein anderes Faktum der gleichen Art bestimmtes sey, und seyn müsse. Es ist demnach gar keine vollständige theoretische Wissenschaftslehre möglich, ohne daſs es eine *besondere* sey; und unsre Darstellung derselben muſs nothwendig, wenn wir nach den Regeln der Wissenschaftslehre konsequent zu Werke gehn, die Darstellung einer besondern theoretischen Wissenschaftslehre werden, weil wir zu seiner Zeit nothwendig auf die Bestimmung eines Faktum dieser Art durch ein entgegengeseztes der gleichen Art kommen müssen.

Hierüber noch einige Worte zur Erläuterung. *Kant* geht aus von der Voraussetzung, daſs ein *Mannigfaltiges* für die mögliche Aufnahme zur Einheit des Bewustseyns gegeben sey, und er konnte, von dem Punkte aus, auf welchen er sich gestellt hatte, von keiner andern ausgehen. Er begründete dadurch das besondre für die theoretische Wissenschaftslehre; er wollte nichts weiter begründen, und ging daher mit Recht von dem besondern zum allgemeinen fort. Auf diesem Wege nun läſst sich zwar ein kollektives Allgemeines, ein Ganzes der bisherigen Erfahrung, als Einheit unter den gleichen Gesetzen, erklären: nie aber ein unendliches Allgemeines, ein Fortgang der Erfahrung in die Unendlichkeit. Von dem Endlichen aus giebt es keinen Weg in die Unendlichkeit; wohl aber giebt es umgekehrt einen von der unbestimmten, und unbestimmbaren Unendlichkeit, durch das Vermögen des Bestimmens zur Endlichkeit, (und darum ist alles Endliche Produkt des bestimmenden.) Die Wissenschaftslehre, die das ganze System des menschlichen Geistes umfassen soll, muſs diesen Weg nehmen, und vom Allgemeinen zum Besondern herabsteigen. Daſs für eine mögliche Erfahrung ein *Mannigfaltiges* gegeben sey, muſs erwiesen werden; und der Beweiſs wird folgendermaassen geführt werden: das gegebene muſs *etwas* seyn, es ist aber nur insofern etwas, inwiefern es noch ein anderes giebt, daſs auch etwas, aber etwas anderes ist; und von dem Punkte an, wo dieser Beweiſs möglich seyn wird, werden wir in den Bezirk des Besondern treten.

Die *Methode* der theoretischen Wissenschaftslehre ist schon in der Grundlage beschrieben, und sie ist leicht, und einfach. Der Faden der Betrachtung wird an dem hier durchgängig als Regulativ herrschenden Grundsatze: *nichts kommt dem Ich zu, a's das, was es in sich sezt*, fortgeführt. Wir legen das oben abgeleitete Faktum zum Grunde, und sehen, wie das Ich dasselbe in sich setzen möge. Dieses Setzen ist gleichfals ein Faktum, und muſs durch das Ich gleichfals in sich gesezt werden; und so beständig fort, bis wir bei dem höchsten theoretischen Faktum ankommen; bei demjenigen, durch welches das Ich (mit Bewuſstseyn) sich sezt, als bestimmt durch das Nicht-Ich. So endet die theoretische Wissenschaftslehre mit ihrem Grundsatze, geht in sich selbst zurük, und wird demnach durch sich selbst vollkommen beschlossen.

Es könnten unter den abzuleitenden Thatsachen sich leicht charakteristische Unterschiede zeigen, die uns zu einer Eintheilung derselben, und mit ihnen der Wissenschaft, welche sie aufstellt, berechtigten. Diese Eintheilungen aber werden, der synthetischen Methothode gemäfs, erst da gemacht, wo sich die Eintheilungsgründe hervorthun.

Die Handlungen, durch welche das Ich irgend etwas in sich sezt, sind hier, weil auf dieselben reflektirt wird, Fakta, wie so eben gesagt worden; aber es folgt daraus nicht, dafs sie das seyen, was man gewöhnlich Fakta des Bewustseyns nennt, oder dafs man sich derselben, als Thatsachen der (innern) Erfahrung wirklich bewufst werde. Giebt es ein Bewufstseyn, so ist dies selbst eine Thatsache, und mufs abgeleitet werden, wie alle übrige Thatsachen: und giebt es wiederum besondere Bestimmungen dieses Bewufstseyns, so müssen auch diese sich ableiten lassen, und sind eigentliche Fakta des Bewufstseyns.

Es erhellet daraus, theils, dafs es, wie schon mehrmals erinnert worden, der Wissenschaftslehre nicht zum Vorwurfe gereiche, wenn etwas, das sie als Faktum aufstellet, sich in der (innern) Erfahrung nicht vorfindet. Sie giebt dies gar nicht vor; sie erweis't blos, dafs nothwendig gedacht werden müsse, dafs etwas einem gewissen Gedanken entsprechendes im menschlichen Geiste vorhanden sey. Soll dasselbe nicht in Bewufstseyn vorkommen, so giebt sie zugleich den Grund an, warum es daselbst nicht vorkommen könne, nemlich weil es unter die Gründe der Möglichkeit alles Bewufstseyns gehört. — Theils erhellet, dafs die Wissenschaftslehre auch bei demjenigen, was sie wirklich als Thatsache der innern Erfahrung aufstellt, sich dennoch nicht auf das Zeugnifs der Erfahrung, sondern auf ihre Deduktion stütze. Hat sie richtig deducirt, so wird freilich ein Faktum, gerade so beschaffen,

fen, wie sie es deducirt hat, in der Erfahrung vorkommen. Kommt kein dergleichen Faktum vor, so hat sie freilich unrichtig deducirt, und der Philosoph für seine Person wird in diesem Falle wohl thun, wenn er zurükgeht, und dem Fehler im Folgern, welchen er irgendwo gemacht haben mufs, nachspürt. Aber die Wissenschaftslehre, als Wissenschaft, fragt schlechterdings nicht nach der Erfahrung, und nimmt auf sie schlechthin keine Rüksicht. Sie müste wahr seyn, wenn es auch gar keine Erfahrung geben könnte (ohne welche freilich auch keine Wissenschaftslehre in concreto möglich seyn würde, was aber hieher nicht gehört) und sie wäre a priori sicher, dafs alle mögliche künftige Erfahrung sich nach den durch sie aufgestellten Gesetzen würde richten müssen.

§. 2. Erster Lehrsatz.

Das aufgezeigte Faktum wird gesezt: durch Empfindung, oder Deduktion der Empfindung.

I.

Der in der Grundlage beschriebene Widerstreit entgegengesezter Richtungen der Thätigkeit des Ich ist etwas im Ich unterscheidbares. Er soll, so gewifs er im Ich ist, durch das Ich im Ich gesezt; er mufs demnach zuförderst unterschieden werden. Das Ich sezt ihn heist zuförderst; *es setzt denselben sich entgegen.*

Es ist bis jezt, d. h. auf diesem Punkte der Reflexion, im Ich noch gar nichts gesezt; es ist nichts in demselben, als was ihm ursprünglich zukommt, *reine*

Thä-

Thätigkeit. Das Ich sezt etwas sich entgegen, heist also hier nichts weiter, und kann hier nichts weiter heissen, als: es sezt etwas *nicht als reine Thätigkeit*. So würde demnach jener Zustand des Ich im Widerstreite gesezt, als das Gegentheil der reinen, als gemischte, sich selbst widerstrebende, und sich selbst vernichtende Thätigkeit. — Die jezt aufgezeigte Handlung des Ich ist blos antithetisch.

Wir lassen hier gänzlich ununtersucht, wie, auf welche Art und Weise, und durch welches Vermögen das Ich irgend etwas setzen möge, da in dieser ganzen Lehre die Rede lediglich von den Produkten seiner Thätigkeit ist. — Aber es wurde schon in der Grundlage erinnert, dafs, wenn der Widerstreit je im Ich gesezt werden, und aus demselben etwas weiteres folgen solle, durch das blofse *Setzen* der Widerstreit, als solcher, das Schweben der Einbildungskraft zwischen den Entgegengesezten, aufhören, dennoch aber die Spur desselben, als ein *etwas*, als ein möglicher *Stoff*, übrig bleiben müsse. Wie dies geschehen möge, sehen wir schon hier, ohngeachtet wir das Vermögen, durch welches es geschieht, noch nicht sehen. — Das Ich mufs jenen *Widerstreit* entgegengesezter Richtungen, oder, welches hier das gleiche ist, entgegengesezter Kräfte setzen; also weder die eine allein, noch die zweite allein, sondern beide; und zwar beide *im Widerstreite*, in entgegengesezter, aber völlig sich das Gleichgewicht haltender Thätigkeit. Entgegengesezte Thätigkeit aber, die sich das Gleichgewicht hält, vernichtet sich, und es bleibt nichts. Doch soll etwas bleiben, und gesezt werden: es bleibt demnach ein *ru-*

bender

bender Stoff, etwas *Krafthabendes*, welches dieselbe wegen des Widerstandes nicht in Thätigkeit äussern kann, ein *Substrat* der Kraft, wie man sich jeden Augenblik durch ein mit sich selbst angestelltes Experiment überzeugen kann. Und zwar, worauf es hier eigentlich ankommt, bleibt dieses Substrat nicht als ein *vorhergeseztes*, sondern als *blosses Produkt der Vereinigung entgegengesezter Thätigkeiten*. Dies ist der Grund alles Stoffs, und alles möglichen bleibenden Substrats im Ich (und ausser dem Ich *ist* nichts) wie sich immer deutlicher ergeben wird.

II.

Das Ich aber soll jenen Widerstreit *in sich* setzen: es mufs demnach denselben sich auch *gleich setzen*, ihn auf sich selbst beziehen, und dazu bedarf es eines Beziehungsgrundes in demselben mit dem Ich. Dem Ich kommt, wie so eben erinnert worden, bis jezt nichts zu, als reine Thätigkeit. Nur diese ist bis jezt auf das Ich zu beziehen, oder demselben gleich zu setzen: der gesuchte Beziehungsgrund könnte demnach kein andrer seyn, denn reine Thätigkeit, und es müste im Widerstreite selbst reine Thätigkeit des Ich angetroffen, oder richtiger, *gesetzt*, synthetisch hineingetragen werden.

Aber die im Widerstreite begriffene Thätigkeit des Ich ist so eben als *nicht rein* gesezt worden. Sie mufs, wie wir jetzo sehen, für die Möglichkeit der Beziehung auf das Ich auch als *rein* gesezt werden. Sie ist demnach *ihr selbst entgegengesezt*. Dies ist unmöglich und widersprechend, wenn nicht noch ein drittes gesezt wird, worinn dieselbe ihr selbst gleich, und entgegen-

gesezt

gesezt zugleich sey. *Es muſs demnach ein solches drittes, als synthetisches Glied der Vereinigung gesezt werden.*

Ein solches drittes aber wäre *eine aller Thätigkeit des Ich überhaupt entgegengesezte Thätigkeit* (des Nicht-Ich) welche die Thätigkeit des Ich im Widerstreite völlig unterdrükte, und vernichtete, indem sie ihr das Gleichgewicht hielte. Es muſs demnach, wenn die geforderte Beziehung möglich seyn, und der gegen sie sich auflehnende Widerspruch gehoben werden soll, eine solche völlig entgegengesezte *Thätigkeit* gesezt werden.

Dadurch wird der aufgezeigte Widerspruch wirklich gelös't, und die geforderte Entgegensetzung der im Widerstreite begriffenen Thätigkeit des Ich mit sich selbst wird möglich. Diese Thätigkeit ist rein, und ist als rein zu setzen, wenn die entgegengesezte Thätigkeit des Nicht-Ich, welche sie unwiderstehlich zurükdrängt, weggedacht, und von ihr abstrahirt wird; sie ist nicht rein, sondern objektiv, wenn die entgegengesezte Thätigkeit in Beziehung mit ihr gesezt wird. Sie ist demnach nur unter Bedingung rein oder nicht rein; diese Bedingung kann gesezt, oder nicht gesezt werden. So wie gesezt wird, daſs dies eine Bedingung, d. i. ein solches sey, was gesezt, oder nicht gesezt werden kann; wird gesezt, daſs jene Thätigkeit des Ich ihr selbst entgegengesezt werden könne.

Die jezt aufgezeigte Handlung ist *thetisch, antithetisch,* und *synthetisch* zugleich. *Thetisch*, inwiefern sie eine, schlechterdings nicht wahrzunehmende, entgegengesezte Thätigkeit ausser dem Ich sezt. (*Wie* das Ich dies vermöge, davon wird erst tiefer unten die Rede seyn; hier ist nur gezeigt, *daſs* es geschehe, und geschehen müsse.) *Antithetisch*, inwiefern sie durch Setzen, oder Nichtsetzen der Bedingung eine und eben dieselbe Thätigkeit des Ich ihr selbst entgegensezt. *Synthetisch*, inwiefern sie durch das Setzen der entgegengesezten Thätigkeit, *als* einer zufälligen Bedingung, jene Thätigkeit als eine und eben dieselbe sezt.

III.

Und erst jezt ist die geforderte Beziehung der im Widerstreite befindlichen Thätigkeit auf das Ich, das Setzen derselben als eines etwas, das dem Ich zukommt, die Zueignung derselben möglich. Sie wird, weil und inwiefern sie sich auch als rein betrachten läfst, und weil sie rein seyn würde, wenn jene Thätigkeit des Nicht-Ich nicht auf sie einwirkte, und weil sie nur unter Bedingung eines völlig fremdartigen und gar nicht im Ich liegenden, sondern demselben geradezu entgegengesezten nicht rein, sondern objectiv ist, gesezt in das Ich. — Es ist wohl zu merken, und ja nicht aus der Acht zu lassen, dafs diese Thätigkeit nicht etwa blofs, inwiefern sie als rein, sondern auch inwiefern sie als objektiv gesezt ist, mithin *nach* der Synthesis, und mit alle dem, was durch die Synthesis, in ihr vereinigt ist, auf das Ich bezogen werde. Die in sie gesezte Reinheit ist blos der *Beziehungsgrund*; das *bezogne* ist sie, inwiefern sie gesezt wird, als rein, *wenn* die entgegengesezte Thätigkeit nicht auf sie wirken würde, aber jezt als *objectiv*, *weil* die entgegengesezte Thätigkeit wirklich auf sie wirkt *)

In

---

*) *Aenesidemus* erinnert gegen *Reinhold*, dafs nicht blofs die Form der Vorstellung, sondern die ganze Vorstel-

In dieser Beziehung wird die dem Ich entgegengesezte Thätigkeit *ausgeschlossen*; die Thätigkeit des Ich mag nun als rein, oder als objektiv betrachtet werden; denn in beiden Rücksichten wird dieselbe als Bedingung gesezt, einmal, als eine solche, von welcher abstrahiert, einmal, als eine solche, auf welche reflektirt werden mufs. (Ueberhaupt *gesezt* wird sie freilich in jedem Falle; wie und durch welches Vermögen, davon ist hier die Rede nicht.) — Und hier liegt denn, wie sich immer deutlicher ergeben wird, der lezte Grund, warum das Ich aus sich herausgeht, und etwas ausser sich sezt. Hier zuerst lös't sich, dafs ich mich so ausdrücke, etwas ab von dem Ich; welches durch weitere Bestimmung sich allmählich in ein Universum mit allen seinen Merkmalen verwandeln wird.

Die abgeleitete Beziehung heifst *Empfindung* (gleichsam *Insichfindung.* Nur das fremdartige wird *gefunden*; das ursprünglich im Ich gesezte ist immer da.) Die aufgehobne vernichtete Thätigkeit des Ich, ist das *Empfundne.* Sie ist empfunden, fremdartig, inwiefern sie unterdrückt ist, was sie ursprünglich, und durch das Ich selbst gar nicht seyn kann. Sie ist empfunden, etwas im Ich — inwiefern sie nur unter Bedingung einer entgegen-

stellung auf das Subjekt bezogen werde. Dies ist völlig richtig, die ganze Vorstellung ist das bezogne; aber es ist zugleich richtig, dafs nur die Form derselben der Beziehungsgrund ist. Gerade so ist es auch in unserm Falle. — Beziehungsgrund, und Bezognes mufs nicht verwechselt werden, und damit dies in unsrer Deduktion überhaupt nicht geschehe, müssen wir gleich vom Anfange an sorgfältig dagegen auf der Hut seyn.

gegengesezten Thätigkeit untordrückt ist, und, wenn
diese Thätigkeit wegfiele, selbst Thätigkeit, und reine
Thätigkeit seyn würde. — Das *Empfindende* ist begreiflicher Weise das in der abgeleiteten Handlung *beziehende* Ich; und dasselbe *wird* begreiflicher Weise *nicht empfunden*, inwiefern es *empfindet*; und es ist demnach hier
von demselben gar nicht die Rede. Ob, und wie, und
durch welche bestimmte Handlungsweise dasselbe gesezt
werde, muſs sogleich im folgenden §. untersucht werden. Eben so wenig ist hier die Rede von der in der Empfindung ausgeschloſsnen entgegengesezten Thätigkeit
des Nicht-Ich; denn auch diese wird nicht empfunden,
da sie ja zum Behuf der Möglichkeit der Empfindung
überhaupt ausgeschlossen werden muſs. Wie, und
durch welche bestimmte Handelsweise sie gesezt werde,
wird sich in der Zukunft zeigen.

Diese Bemerkung, daſs einiges hier völlig uner-
klärt, und unbestimmt bleibt, darf uns nicht befrem-
den: vielmehr dient sie selbst zur Bestätigung eines in
der Grundlage aufgestellten Satzes über die synthetische Methode: daſs nemlich durch dieselbe immer nur
die mittlern Glieder vereinigt würden, die äussern Enden aber, (wie hier das empfindende Ich, und die dem
Ich entgegengesezte Thätigkeit des Nicht-Ich sind,)
für folgende Synthesen unvereinigt blieben.

§ 3. Zweiter Lehrsatz.
Das empfindende wird gesezt durch Anschauung oder: Deduktion der Anschauung.

Es ist im vorigen §. deducirt worden die Empfindung
als eine Handlung des Ich, durch welche dasselbe etwas in sich aufgefundnes fremdartiges auf sich bezieht,

sich

sich zueignet, in sich sezt. Wir lernten kennen sowohl diese Handlung selbst, oder die *Empfindung*, als den Gegenstand derselben, das *Empfundne*. Unbekannt blieb, und es muste nach den Regeln der synthetischen Methode unbekannt bleiben, sowohl das *Empfindende*, das in jener Handlung thätige Ich, als auch die in der Empfindung ausgeschlofsne, und dem Ich entgegengesezte Thätigkeit des Nicht-Ich. Es ist nach unsrer nunmehrigen hinlänglichen Kenntnifs der synthetischen Methode zu erwarten, dafs unser nächstes Geschäft das seyn wird, diese ausgeschlofsnen äussersten Enden synthetisch zu vereinigen, oder wenn auch dies noch nicht möglich seyn sollte, wenigstens ein Mittelglied zwischen sie einzuschieben.

Wir gehen aus von folgendem Satze: Im Ich ist, laut des vorigen, Empfindung; da nun dem Ich nichts zukommt, als dasjenige, was dasselbe in sich sezt, so mufs das Ich die Empfindung ursprünglich in sich setzen, es mufs sich dieselbe zueignen. — Dieses Setzen der Empfindung ist nicht etwa schon deducirt. Wir haben im vorigen §. zwar gesehen, wie das Ich das Empfundne in sich setze, und die Handlung dieses Setzens war eben die Empfindung; nicht aber, wie es in sich die Empfindung selbst, oder sich, als das Empfindende setze.

I.

Es mufs zu diesem Behufe zuförderst die Thätigkeit des Ich im Empfinden, d. i. im Zueignen des empfundnen durch Gegensetzung unterschieden werden können von dem Zugeeigneten, oder dem Empfundnen.

Nach dem vorigen §. ist das Empfundne eine Thätigkeit des Ich, insofern sie betrachtet wird, als im

Strei-

Streits begriffen mit einer entgegengesezten ihr völlig
gleichen Kraft, durch welche sie vernichtet, und aufgehoben
wird; als Nicht-Thätigkeit, die jedoch Thätigkeit
seyn könnte, und würde, wenn die entgegengesezte
Kraft wegfiele; demnach nach dem obigen als *ruhende*
Thätigkeit, als Stoff, oder Substrat der Kraft.

Die dieser entgegenzusetzende Thätigkeit muſs
demnach gesezt werden, als nicht unterdrükt, noch gehemmt
durch eine entgegengesezte Kraft, mithin als
wirkliche Thätigkeit, ein wirkliches Handeln.

II.

Die leztere wirkliche Thätigkeit nun soll gesezt werden
in das Ich: die ihr entgegengeseczte, gehemmte
und unterdrükte Thätigkeit aber muſste nach dem vorigen
§. auch gesezt werden in das Ich. Dies widerspricht
sich, wenn nicht beide, sowohl die wirkliche,
als die unterdrükte Thätigkeit durch synthetische Vereinigung
auf einander zu beziehen sind. Ehe wir demnach
die geforderte Beziehung der so eben aufgezeigten Thätigkeit
auf das Ich vornehmen können, müssen wir
zuförderst die ihr entgegengesezte auf sie beziehen.
Ausserdem erhielten wir allerdings ein neues Faktum
in das Ich, aber wir verlören, und verdrängten dadurch
das vorige, hätten nichts gewonnen, und wären um keinen
Schritt weiter gekommen.

Beides, die aufgezeigte wirkliche Thätigkeit des
Ich, und jene unterdrükte müssen auf einander bezogen
werden. Das aber ist nach den Regeln aller Synthesis
nur dadurch möglich, daſs beide vereinigt, oder, welches

ches

aber das gleiche heißt, daſs zwischen beide ein bestimmtes drittes gesezt worde, das Thätigkeit (des Ich) und zugleich Leiden, (unterdrükte Thätigkeit) sey.

Dieſes dritte soll Thätigkeit des Ich seyn; es soll demnach lediglich und schlechthin durch das Ich gesezt seyn; also ein durch die Handelsweise des Ich begründetes Handeln, mithin ein Setzen, und zwar ein bestimmtes Setzen eines Bestimmten. Das Ich soll *Real-Grund* desselben seyn

Es soll seyn ein Leiden des Ich, wie auch aus der so eben davon gemachten Beschreibung hervorgeht. — Es soll seyn ein bestimmtes begrenztes Setzen, aber das Ich kann sich nicht selbst begrenzen, wie in der Grundlage zur Gnüge dargethan worden. Die Begrenzung desselben müste demnach von aussen, vom Nicht-Ich, wenn auch etwa mittelbar, herkommen. Das Nicht-Ich soll demnach seyn *Ideal-Grund* desselben; der Grund davon, daſs es überhaupt Quantität hat.

Es soll beides zugleich seyn; das so eben Unterschiedne soll sich in demselben nicht absondern lassen. Das Faktum soll sich betrachten lassen, als auch seiner *Bestimmung* nach schlechthin gesezt durch das Ich, und auch seinem *Seyn* nach als gesezt durch das Nicht-Ich. Ideal- und Real-Grund sollen in ihm innig vereinigt, Eins und eben dasselbe seyn.

Wir wollen es vorläufig nach diesen beiden Beziehungen, die in ihm als möglich gefordert werden, betrachten, um es sogleich völlig kennen zu lernen. — Es ist ein Handeln des Ich, und soll sich seiner ganzen Bestimmung nach betrachten lassen, als blos, und

le-

lediglich im Ich begründet. Es soll sich zugleich betrachten lassen, als Produkt eines Handeln des Nicht-Ich,
als allen seinen Beſtimmungen nach im Nicht-Ich begründet. — Also soll nicht etwa die Bestimmung der
Handelsweise des Ich die des Nicht-Ich, noch soll umgekehrt die Bestimmung der Handelsweise des Nicht-Ich
die des Ich bestimmen; sondern beide sollen völlig unabhängig aus eignen Gründen, und nach eignen Gesetzen neben einander fortlaufen, und doch soll zwischen ihnen
die innigste Harmonie stattfinden. Die Eine soll gerade
seyn, was die andere iſt, und umgekehrt.

Bedenkt man, daſs das Ich setzend iſt, daſs mithin
diese in ihm schlechthin begründet seyn sollende Thätigkeit ein Setzen seyn muſs, so sieht man sogleich,
daſs diese Handlung ein *Anschauen* seyn müsse. Das Ich
betrachtet ein Nicht-Ich, und es kommt ihm hier weiter
nichts zu, als das Betrachten. Es sezt sich in der Betrachtung, als solcher, völlig unabhängig vom Nicht-
Ich; es betrachtet aus eignem Antriebe ohne die geringste Nöthigung von aussen; es sezt durch eigne
Thätigkeit, und mit dem Bewustseyn eigner Thätigkeit ein Merkmal nach dem andern in seinem Bewustseyn. Aber es sezt dieselben als Nachbildungen eines
ausser ihm Vorhandnen. — In diesem ausser ihm Vorhandnen sollen nun die nachgebildeten Merkmale wirklich anzutreffen seyn, und zwar nicht etwa zu Folge
des Geseztseyns im Bewustseyn, sondern völlig unabhängig vom Ich, nach eignen in dem Dinge selbst be-
gründeten Gesetzen. Das Nicht-Ich bringt nicht die
Anschauung im Ich, das Ich bringt nicht die Beschaffenheit des Nicht-Ich hervor, sondern beide sollen
völlig unabhängig von einander seyn, und dennoch soll

zwi-

zwischen beyden die innigste Harmonie seyn. Wenn es möglich wäre von der einen Seite das Nicht-Ich an sich, und nicht vermittelst der Anschauung, und von der andern das anschauende an sich in der blofsen Handlung des Anschauens, und ohne Beziehung auf das angeschaute Nicht-Ich zu beobachten, so würden sie sich auf die gleiche Art bestimmt finden. — Wir werden bald sehen, dafs der menschliche Geist diesen Versuch wirklich, aber freilich nur vermittelst der Anschauung, und nach den Gesetzen derselben, doch ohne dessen sich bewufst zu seyn vornimmt; und dafs eben daher die geforderte Harmonie entspringt.

Es ist allerdings zu bewundern, dafs diejenigen, welche die Dinge an sich zu erkennen glaubten, jene leichte Bemerkung, die sich schon durch die mindeste Reflexion über das Bewufstseyn darbietet, nicht machten, und dafs sie nicht von ihr aus auf den Gedanken geriethen, nach dem Grunde der vorausgesezten Harmonie zu fragen, die doch offenbar nur vorausgesezt, nicht aber wahrgenommen wird, noch werden kann. Wir haben jezt den Grund alles Erkennens, als eines solchen deducirt; wir haben gezeigt, warum das Ich Intelligenz ist, und seyn mufs; nemlich darum, weil es einen *in ihm selbst* befindlichen Widerspruch zwischen seiner Thätigkeit, und seinem Leiden *ursprünglich* (ohne Bewufstseyn, und zum Behuf der Möglichkeit alles Bewufstseyns) vereinigen mufs. Es ist klar, dafs wir dies nicht vermocht hätten, wenn wir nicht über alles Bewufstseyn hinaus gegangen wären.

Wir machen durch folgende Bemerkung das deducirte deutlicher, werfen im voraus Licht auf das folgende

B

gende, und befördern die helle Einsicht in die Methode. — Wir betrachten in unsern Deduktionen immer nur das Produkt der angezeigten Handlung des menschlichen Geistes, nicht die Handlung selbst. In jeder folgenden Deduktion wird die Handlung, durch welche das erste Produkt hervorgebracht wurde, durch eine neue Handlung, die darauf geht, wieder Produkt. Was in jeder vorhergehenden ohne weitere Bestimmung als ein Handeln des Geistes aufgestellt wird, wird in jeder folgenden gesezt, und weiter bestimmt. Demnach muſs auch in unserm Falle die so eben synthetisch abgeleitete Anschauung, sich schon in der vorigen Deduktion als ein Handeln vorfinden. Die daselbst aufgezeigte Handlung bestand darin, daſs das Ich seine im Widerstreit befindliche Thätigkeit, nach hinweggedachter Bedingung als thätig, mit hinzugedachter aber als unterdrükt, und ruhend, doch aber in das Ich sezte. Eine solche Handlung ist offenbar die abgeleitete Anschauung. Sie ist an sich, *als* Handlung ihrem Daseyn nach, lediglich im Ich begründet, in dem Postulate, daſs das Ich in sich setze, was in demselben angetroffen werden soll, laut des vorigen §. Sie sezt etwas in dem Ich, was schlechthin nicht durch das Ich selbst, sondern durch das Nicht-Ich begründet seyn soll, den geschehenen Eindruk. Sie ist, als Handlung, völlig unabhängig von demselben, und derselbe von ihr, und geht mit ihm parallel. — Oder daſs ich meinen Gedanken, wiewohl durch ein Bild, völlig klar mache — die ursprüngliche reine Thätigkeit des Ich ist durch den Anstoſs modificirt, und gleichsam gebildet worden, und ist insofern dem Ich gar nicht zuzuschreiben. Jene andere freie Thätigkeit reiſst dieselbe, be, so wie sie ist, von dem eindringenden Nicht-Ich los, betrachtet, und durchläuft sie, und sieht, was in ihr enthalten ist; kann aber dasselbe gar nicht für die reine Gestalt des Ich, sondern nur für ein Bild vom Nicht-Ich halten.

III.

Wir machen nach diesen vorläufigen Untersuchungen, und Andeutungen, die eigentliche Aufgabe uns noch deutlicher.

Die Handlung des Ich im Empfinden soll gesezt, und bestimmt werden, d. h. auf populäre Art ausgedrükt, wir werfen die Frage auf, wie macht es das Ich, um zu empfinden, durch welche Handelsweise ist ein Empfinden möglich?

Diese Frage dringt sich uns auf, denn nach dem oben gesagten scheint das Empfinden nicht möglich. Das Ich soll etwas fremdartiges in sich setzen; dieses fremdartige ist Nicht-Thätigkeit, oder Leiden, und das Ich soll selbiges durch Thätigkeit *in sich* setzen; das Ich soll demnach thätig, und leidend zugleich seyn, und nur unter Voraussetzung einer solchen Vereinigung ist die Empfindung möglich. Es muſs demnach etwas aufgezeigt werden, in welchem Thätigkeit und Leiden so innig vereinigt sind, daſs diese bestimmte Thätigkeit nicht ohne dieses bestimmte Leiden, und daſs dieses bestimmte Leiden nicht ohne jene bestimmte Thätigkeit möglich sey; daſs eins nur durch das andere sich erklären lasse, und daſs jedes an sich betrachtet unvollständig sey; daſs die Thätigkeit nothwendig auf ein Leiden, und das Leiden nothwendig auf eine Thätigkeit treibe, — denn das ist die Natur der oben geforderten Synthesis.

Keine Thätigkeit im Ich kann auf das Leiden sich so beziehen, dafs sie dasselbe *hervorbrächte*, oder dasselbe als durch das Ich hervorgebracht sezte; denn dann würde das Ich etwas in sich setzen, und vernichten zugleich, welches sich widerspricht. (Die Thätigkeit des Ich kann nicht auf die Materie des Leidens gehen) Aber sie kann dasselbe bestimmen, seine Grenze ziehen. Und dies ist eine Thätigkeit, die ohne ein Leiden nicht möglich ist; denn das Ich kann nicht selbst einen Theil seiner Thätigkeit aufheben, wie so eben gesagt worden; derselbe muſs durch etwas ausser dem Ich schon aufgehoben seyn. Das Ich kann demnach keine Grenze setzen, wenn nicht schon von aussen ein zu begrenzendes gegeben ist. Das *Bestimmen* also ist eine Thätigkeit, die sich nothwendig auf ein Leiden bezieht.

Eben so würde ein Leiden sich nothwendig auf die Thätigkeit beziehen, und nicht möglich seyn ohne Thätigkeit, wenn dasselbe eine blosse *Begrenzung der Thätigkeit* wäre. Keine Thätigkeit, keine Begrenzung derselben; mithin kein Leiden von der Art des Angeführten. (Ist keine Thätigkeit im Ich, so ist gar kein Eindruck möglich; die Art der Einwirkung ist demnach gar nicht lediglich im Nicht-Ich, sondern zugleich im Ich begründet.)

Das gesuchte dritte Glied zum Behuf der Synthesis ist demnach *die Begrenzung*.

Das Empfinden ist lediglich insofern möglich, inwiefern das Ich, und Nicht-Ich sich gegenseitig begrenzen, und nicht weiter, als auf dieser, beiden gemeinschaftlichen Grenze. (Diese Grenze ist der eigentgentliche Vereinigunspunkt des Ich, und Nicht-Ich. Nichts haben sie gemein, als diese, und können auch nichts weiter gemein haben, da sie einander völlig entgegengesezt seyn sollen. Von diesem gemeinschaftlichen Punkte aus aber scheiden sie sich; von ihm aus wird das Ich erst Intelligenz, indem es frei über die Grenze schreitet, und dadurch etwas aus sich selbst, über sie hinüber, und auf dasjenige, was über derselben liegen soll, überträgt; oder, wenn man die Sache von einer andern Seite ansieht, indem es etwas, das nur dem über derselben liegenden zukommen soll, in sich selbst aufnimmt. Beides ist in Rüksicht der Resultate völlig gleichgültig.)

IV.

Begrenzung ist demnach das dritte Glied, durch welches der aufgezeigte Widerspruch gehoben, und die Empfindung, als Vereinigung einer Thätigkeit, und eines Leidens möglich werden soll.

Zuförderst, vermittelst der Begrenzung ist das *Empfindende* beziehbar auf das Ich, oder populärer ausgedrükt, das Empfindende ist Ich, und läfst sich setzen als Ich, inwiefern es in der Empfindung, und durch sie begrenzt ist. Nur inwiefern es als begrenzt gesezt werden kann, ist das Empfindende das Ich, und das Ich empfindend. Wäre es nicht begrenzt, (durch etwas ihm entgegengeseztes) so könnte die Empfindung dem Ich gar nicht zugeschrieben werden.

Das Ich begrenzt sich in der Empfindung, wie wir im vorigen §. gesehen haben. Es schliefst etwas von sich aus, als ein Fremdartiges, sezt sich demnach in gewisse Schranken, über welche hinaus es nicht, sondern ein demselben entgegengeseztes liegen soll. Es ist jezt, etwa für irgend eine Intelligenz ausser ihm, begrenzt.

Iezt soll die *Empfindung selbst* gesezt d. h. zuförderst in Rüksicht auf das eine so eben aufgezeigte Glied derselben, das Ausschliessen, (es wird in derselben auch bezogen, aber davon ist jezt nicht die Rede) das Ich soll *als begrenzt* gesezt werden. Es soll nicht nur für eine mögliche Intelligenz ausser ihm, sondern *für sich selbst* begrenzt seyn.

Inwiefern das Ich begrenzt *ist*, geht es nur *bis* an die Grenze. Inwiefern es sich sezt, als begrenzt, geht es nothwendig darüber hinaus; es geht auf die Grenze selbst, *als solche*, und da eine Grenze nichts ist, ohne zwei entgegengesezte, auch auf das über derselben liegende.

Das Ich, als solches, wird begrenzt gesezt, heifst zuförderst: es wird, wofern es innerhalb der Grenze liegt, *entgegengesezt*, einem insofern und durch diese bestimmte Grenze nicht begrenzten Ich. Ein solches unbegrenztes Ich mufs demnach zum Behuf des postulirten Entgegensetzens *gesezt* werden.

Das Ich ist unbegrenzt, und schlechthin unbegränzbar, inwiefern seine Thätigkeit nur von ihm abhängt, und lediglich in ihm selbst begründet ist, inwiefern sie demnach, wie wir uns immer ausgedrükt haben, *ideal* ist. Eine solche lediglich ideale Thätigkeit wird gesezt, und gesezt, als über die Begrenzung hinausgehend. (Unsere gegenwärtige Synthesis greift, wie sie soll, wieder ein in die im vorigen §. aufgestellte.

Auch

Auch dort muste durch das Empfindende die gehemmte Thätigkeit als Thätigkeit; als etwas das Thätigkeit seyn würde, wenn der Widerstand des Nicht-Ich wegfiele, und das Ich lediglich von sich selbst abhinge, mithin als Thätigkeit in idealer Beziehung gesezt werden. Hier wird dieselbe gleichfals wieder, nur mittelbar, und nur nicht allein, sondern gemeinschaftlich mit der auch vor dem Punkte des Anstofses liegenden Thätigkeit (wie gleichfals nothwendig ist, wenn unsre Erörterung weiter vorrücken, und Feld gewinnen soll) als Thätigkeit gesezt.)

Ihr wird entgegengesezt die begrenzte Thätigkeit, die demnach, inwiefern sie begrenzt seyn soll, nicht ideal ist, deren Reihe nicht vom Ich, sondern von dem ihm entgegengesezten Nicht-Ich abhängt, und die wir eine auf das *Wirkliche* gehende Thätigkeit nennen wollen.

Es ist klar, dafs dadurch die Thätigkeit des Ich, nicht etwa, inwiefern sie gehemmt, und nicht gehemmt ist, sondern selbst inwiefern sie in Handlung ist, ihr selbst entgegengesezt, betrachtet werde, als gehend auf das Ideale, oder auf das Reale. Die über den Grenzpunkt, den wir C. nennen wollen, hinausgehende Thätigkeit des Ich ist lediglich ideal, und überhaupt nicht real, und die reale Thätigkeit geht überhaupt nicht über ihn hinaus. Die innerhalb der Begrenzung von A. bis C. liegende ist ideal, und real zugleich; das erstere insofern sie, Kraft des vorigen Setzens, als lediglich im Ich begründet, das leztere, insofern sie als begrenzt gesezt wird.

Ferner ist klar, dafs diese ganze Unterscheidung aus dem Gegensetzen entspringe: sollte nicht reale Thätigkeit gesezt werden, so wäre keine ideale gesezt, als ideale, denn sie wäre nicht zu unterscheiden, wäre keine ideale gesezt, so könnte auch keine reale gesezt werden. Beides steht im Verhältnisse der Wechselbestimmung, und wir haben hier, nur durch die Anwendung etwas klärer, abermals den Satz: Idealität und Realität sind synthetisch vereinigt. Kein Ideales, kein Reales, und umgekehrt.

Jezt ist leicht zu zeigen, wie geschehe, was ferner geschehen soll; dafs nemlich das entgegensezte wieder synthetisch vereinigt, und auf das Ich bezogen werde. Die zwischen A. und C. liegende Thätigkeit ist es, die auf das Ich bezogen, demselben zugeschrieben werden soll. Sie wäre als begrenzte Thätigkeit nicht beziehbar, denn das Ich ist durch sich selbst nicht begrenzt; aber sie ift auch ideale, lediglich im Ich begründete, Kraft des vorher aufgezeigten Setzens der idealen Thätigkeit überhaupt; und diese Idealität (Freiheit, Spontaneität, wie zu seiner Zeit sich zeigen wird) ist der Beziehungsgrund. Begrenzt ist sie blofs, inwiefern sie vom Nicht-Ich abhängt, welches ausgeschlossen und als etwas fremdartiges betrachtet wird. Doch wird sie — eine Anmerkung, deren Grund im vorigen §. angegeben worden, — nicht etwa blofs als ideale, sondern ausdrüklich als reale, und begrenzte Thätigkeit dem Ich zugeschrieben.

Diese bezogne Thätigkeit nun, inwiefern sie begrenzt ist, und etwas Fremdartiges von sich ausschliefst (denn bis jezt ist nur davon die Rede, nicht aber, wie

sie

sie es auch in sich aufnimmt,) ist offenbar die oben abgeleitete Empfindung, und es ist zum Theil geschehen, was gefordert wurde.

Man wird, nach den nun sattsam bekannten Regeln des synthetischen Verfahrens nicht in Versuchung gerathen, das in der deducirten Handlung *Bezogne* mit dem *Beziehenden* zu verwechseln. Wir charakterisiren das leztere, so viel es hier möglich, und nöthig ist.

Dasselbe geht mit seiner Thätigkeit offenbar über die Grenze hinaus, und nimmt gar nicht Rücksicht auf das Nicht-Ich, sondern schliefst vielmehr dasselbe aus; diese Thätigkeit ist demnach blofs ideal. Nun ist aber das, worauf bezogen wird auch nur ideale, gerade dieselbe ideale Thätigkeit des Ich. Also sind Beziehendes, und das worauf bezogen wird, gar nicht zu unterscheiden. Das Ich, ob es gleich gesezt, und darauf etwas bezogen werden sollte, kommt dennoch in dieser Beziehung für die Reflexion gar nicht vor. Das Ich handelt; das sehen wir auf dem wissenschaftlichen Reflexionspunkte, auf welchem wir stehen, und irgend eine das Ich beobachtende Intelligenz würde es sehen; aber das Ich selbst sieht es auf dem gegenwärtigen Punkte (wohl etwa auf einem möglichen künftigen) gar nicht. Also das Ich vergifst in dem Objekte seiner Thätigkeit, sich selbst, und wir haben eine Thätigkeit, die lediglich als ein Leiden erscheint, wie wir sie suchten. Diese Handlung heifst eine *Anschauung*; eine stumme, bewufstseynlose Contemplation, die sich im Gegenstande verliert. Das *Angeschaute* ist das Ich, inwiefern es empfindet. Das *Anschauende* gleichfals das Ich, das aber über sein Anschauen nicht reflektirt, noch insofern es anschaut, darüber reflektiren kann.

B 5 Hier

Hier tritt zuerst ein in's Bewußtseyn ein Subtrat für das Ich, jene reine Thätigkeit, welche gesezt ist, als seyend, wenn auch kein fremder Einfluß seyn sollte, welche aber gesezt wird zu Folge eines Gegensatzes, mithin durch Wechselbestimmung. Ihr *Seyn* soll unabhängig seyn von allem fremden Einflusse auf das Ich, ihr Geseztseyn aber ist von demselben abhängig.

V.

Die Empfindung ist zu setzen; das ist die Forderung in diesem §. Aber Empfindung ist nur insofern möglich, inwiefern das Empfindende auf ein Empfundnes geht, und dasselbe in das Ich sezt. Demnach muß durch den Mittelbegriff der Begrenzung auch das Empfundne beziehbar seyn auf das Ich.

Dasselbe ist zwar schon oben in der Empfindung darauf bezogen worden. Aber hier soll die Empfindug selbst gesezt werden. Sie ist so eben gesezt worden durch eine Anschauung, in welcher aber das Empfundne ausgeschlossen wird. Offenbar ist dies nicht zureichend, sie muß auch gesezt werden können, inwiefern sie dasselbe zueignet.

Diese Zueignung der Beziehung soll geschehen durch den Mittelbegriff der Begrenzung. Wenn die Begrenzung nicht gesezt wird, so ist die geforderte Beziehung nicht möglich; nur durch diese ist sie möglich.

Dadurch, daß Etwas in der Empfindung ausgeschlossen und gesezt wird, als dasselbe begrenzend, wird dieses Etwas selbst begrenzt von dem Ich, als ein demselben nicht zukommendes: aber eben als Objekt

dieser

dieser Handlung des Begrenzens, wird es von einem höhern Gesichtspunkte aus auch wieder *in dem Ich* erblikt. Das Ich begrenzt es; es muſs daher wohl in ihm enthalten seyn.

Auf diesen höhern Gesichtspunkt nun haben wir uns hier zu stellen, um jenes Begrenzen des Ich als Handlung, wodurch das Begrenzte (das Empfundne) nothwendig in seinen Wirkungskreis kommt, zu setzen — und dadurch setzen wir denn, nach der Forderung das Empfindende — zwar nicht geradezu in das Ich, wie so eben geschehen — aber wir setzen es als Empfindendes, bestimmen seine Handelsweise, charakterifiren es, und machen es von allen Arten der Thätigkeit des Ich, die kein Empfinden sind, unterscheidbar.

Um dieses Begrenzen, durch welches das Ich sich zueignet das Empfundne, sogleich bestimmt kennen zu lernen, erinnern wir uns an das, was bei der Deduktion der Empfindung über diesen Punkt gesagt wurde. Das Empfundne wurde auf das Ich bezogen dadurch, daſs eine dem Ich entgegengesezte Thätigkeit gesezt wurde lediglich als Bedingung, d. i. als ein solches, das gesezt werden könnte, oder auch nicht gesezt. Das Setzende in jenem Setzen oder Nicht-Setzen ist, wie immer, das Ich. Mithin wurde zum Behuf jener Beziehung nicht nur dem Nicht-Ich, sondern mittelbar auch dem Ich etwas zugeschrieben, nemlich das Vermögen etwas zu setzen, oder auch nicht zu setzen. Was wohl zu merken ist, nicht etwa das Vermögen zu setzen, oder das Vermögen nicht zu setzen, sondern das Vermögen *zu setzen oder nicht zu setzen*, sollte dem Ich zugeschrieben werden; es sollte in ihm demnach das

Setzen

Setzen eines bestimmten Etwas; und das Nicht-Setzen dieses bestimmten Etwas zugleich, und synthetisch vereinigt vorkommen; und es mufs vorkommen, und kommt allerdings vor in allen Fällen, wo etwas als zufällige Bedingung gesezt wird, wie sehr auch diejenigen, deren Kenntnifs der Philofophie sich nicht über eine dürftige Logik hinaus erstrekt, über logische Unmöglichkeit und Unbegreiflichkeit klagen, wenn ihnen ein Begriff dieser Art, die durch die Einbildungskraft producirt werden, und daher mit Einbildungskraft angefafst werden müssen, ohne welche es aber gar keine Logik, und gar keine logische Möglichkeit geben würde, irgendwo vorkommt.

Der Gang der Synthesis ist folgender: Es wird empfunden. Dies ist nur unter der Bedingung möglich, dafs das Nicht-Ich als blofse zufällige Bedingung des Empfundnen gesezt werde; *wie* dies Setzen geschehe, davon haben wir hier noch nicht zu reden. Dasselbe ist aber nicht möglich, wenn nicht das Ich sezt, und nicht sezt zugleich; und im Empfinden kommt demnach nothwendig eine solche Handlung, als Mittelglied, zwischen den angezeigten Gliedern vor. Wir haben zu zeigen, wie das Empfinden geschehe; wir haben demnach zu zeigen, wie ein Setzen und Nicht-Setzen geschehe.

Die Thätigkeit in diesem Setzen und Nicht-Setzen ist zuförderst ihrer Form nach offenbar ideale Thätigkeit. Sie geht über den Grenzpunkt hinaus, wird demnach durch ihn nicht gehemmt. Der Grund, von welchem wir sie, und mit ihr die ganze Empfindung abgeleitet haben, halten, war der, dafs das Ich in sich setzen müsse, was in ihm seyn solle. Sie ist demnach lediglich im Ich, als solchem begründet. Ist sie nur das, und weiter nichts, so ist sie ein blofses Nicht-Setzen, und kein Setzen; sie ist lediglich reine Thätigkeit.

Sie soll aber auch ein Setzen seyn, und das ist sie allerdings darum, weil sie die Thätigkeit des Nicht-Ich, als solche, gar nicht etwa aufhebt, oder vermindert. Sie läfst dieselbe, so wie sie ist, sie sezt sie nur ausserhalb des Umkreises des Ich. — Aber hinwiederum, ein Nicht-Ich liegt nie ausserhalb des Umkreises des Ich, so gewifs es ein Nicht-Ich ist. Es ist demselben entgegengesezt, oder es ist gar nicht. Sie sezt demnach überhaupt ein Nicht-Ich, nur sezt sie es willkührlich hinaus. Das Ich ist begrenzt, denn es ist überhaupt ein Nicht-Ich durch dasselbe gesezt; aber es ist auch nicht begrenzt, denn es sezt dasselbe durch ideale Thätigkeit hinaus, so weit es will. (Setzet, C. sey der bestimmte Grenzpunkt. Die hier untersuchte Thätigkeit des Ich sezt ihn überhaupt als Grenzpunkt, aber sie läfst ihn nicht an der Stelle, die ihm das Nicht-Ich bestimmte, sondern rükt ihn weiter hinaus ins unbegrenzte. Sie sezt demnach (dem Ich) eine Grenze überhaupt, aber sie sezt ihr selbst, inwiefern sie gerade diese Thätigkeit des Ich ist, keine, denn sie sezt jene Grenze in keiner bestimmten Stelle, keine unter allen möglichen Stellen ist eine solche, von der die Grenze nicht weiter hinaus geschoben werden könnte, und müste, da auf sie eine ideale Thätigkeit geht, welche den Grund der Begrenzung in sich selbst haben würde: aber im Ich ist kein Grund, sich selbst zu begrenzen. So lange
diese

diese Thätigkeit wirkt, ist für sie keine Grenze. Hörte sie jemals auf zu wirken, (es wird zu seiner Zeit sich zeigen, unter welcher Bedingung sie allerdings aufhört) so wäre immer noch dasselbe Nicht-Ich mit derselben unverringerten und unbeschränkten Thätigkeit da.) Die angezeigte Handlung des Ich ist nach allem ein *Begrenzen* durch ideale (freie, und unbeschränkte) Thätigkeit.

Wir wollten dieselbe vorläufig charakterisiren, um die aufgestellte Unbegreiflichkeit nicht lange unbegreiflich zu lassen. Nach der Regel der synthetischen Methode hätten wir sie sogleich durch Gegensetzung bestimmen sollen. Wir thun dies jezt, und machen uns dadurch vollkommen verständlich.

Dem Setzen und Nicht-Setzen ist für den Behuf der gegenwärtigen Synthesis entgegen zu setzen ein zugleich *Geseztes* und *Nicht-Geseztes*, und durch diese Gegensetzung sind beide zu bestimmen. Ein solches war schon nach der obigen Untersuchung die Thätigkeit des Nicht-Ich. Sie ist gesezt, und nicht-gesezt zugleich, d. i. insofern das Ich die Grenze hinausschiebt, schiebt es zugleich die reale Thätigkeit des Ich hinaus; es sezt dieselbe, aber idealisch, durch seine eigne Thätigkeit: denn wäre keine solche vorauszusetzende Thätigkeit des Nicht-Ich, und würde keine gesezt, so würde auch keine Grenze gesezt, aber sie wird gerade dadurch gesezt, dafs sie hinaus geschoben wird; und das Nicht-Ich trägt zugleich die Grenze hinaus, wie das Ich sie hinausträgt. In der ganzen Ausdehnung, die wir uns indessen einbilden mögen, sezt allenthalben das Ich, und das Nicht-Ich zugleich die Grenze; nur beide auf eine an-

dere

dere Art; und darin sind sie entgegengesezt, und um ihre Gegensetzung zu bestimmen, müssen wir die Grenze ihr selbst entgegensetzen.

Sie ist eine *ideale*, oder eine *reale*. Inwiefern sie das erstere ist, ist sie gesezt durch das Ich, inwiefern sie das leztere ist, durch das Nicht-Ich.

Aber auch inwiefern sie ihr selbst entgegengesezt ist, bleibt sie dennoch Eine, und eben dieselbe, und jene entgegengesezten Bestimmungen sind in ihr in synthetisch vereinigt. Sie ist reale, blofs inwiefern sie durch das Ich gesezt ist, und demnach auch ideale ist; sie ist ideale, sie kann durch die Thätigkeit des Ich hinausgeschoben werden, lediglich, insofern sie durch das Nicht-Ich gesezt, und demnach reale ist.

Hierdurch wird nun die über den festen Grenzpunkt C. hinausgehende Thätigkeit des Ich selbst real, und ideal zugleich. Sie ist real, inwiefern sie auf ein durch etwas reales geseztes geht; sie ist ideal, inwiefern sie aus eignem Antriebe darauf geht.

Und dadurch wird denn das Empfundne beziehbar auf das Ich. Ausgeschlossen wird, und bleibt die Thätigkeit des Nicht-Ich; denn eben diese wird mit der Grenze in das Unendliche, so viel wir bis jezt sehen, hinausgeschoben; aber beziehbar auf das Ich wird ein Produkt derselben, die Begrenzung im Ich, als Bedingung seiner jezt aufgezeigten idealen Thätigkeit.

Dasjenige, worauf, als auf das Ich, in dieser Beziehung das Produkt des Nicht-Ich bezogen werden sollte, ist die darauf gehende ideale Handlung; dasjenige pige, welches beziehen sollte, ist dieselbe ideale Handlung; und es ist demnach zwischen dem Beziehenden (welches der synthetischen Methode nach hier ohnedem nicht gesezt werden sollte) und dem, worauf bezogen wird (welches nach derselben allerdings gesezt werden sollte) kein Unterschied. Es findet daher gar keine Beziehung auf das Ich statt; und die deducirte Handlung ist eine *Anschauung*, in welcher das Ich in dem Objekte seiner Thätigkeit sich selbst verliert. Das *Angeschaute* ist ein idealisch aufgefafstes Produkt des Nicht-Ich, das durch die Anschauung ins unbedingte ausgedehnt wird; und hier erhalten wir demnach zuerst ein Substrat für das Nicht-Ich. Das *Anschauende* ist, wie gesagt, das Ich, welches aber nicht auf sich reflektirt.

VI.

Ehe wir an das wichtigste Geschäft unsrer gegenwärtigen Untersuchung gehen, einige Worte zur Vorbereitung darauf, und zur Uebersicht des Ganzen.

Bei weitem ist noch nicht geschehen, was geschehen sollte. Das Empfindende ist gesezt durch Anschauung; das Empfundne ist dadurch gesezt. Aber wenn, wie gefordert worden, die *Empfindung* gesezt werden soll, so mufs beides nicht abgesondert, sondern in synthetischer Vereinigung gesezt werden. Diese könnte sich nur ergeben aus noch nicht vereinigten Endpunkten. Dergleichen finden sich denn auch wirklich in der vorhergehenden Untersuchung vor, ob wir gleich nicht ausdrüklich darauf aufmerksam gemacht haben.

Wir bedurften zuförderst, um das Ich als begrenzt zu setzen, und die Grenze ihm zuzueignen, eine dem

Be-

begrenzten entgegengesezte ideale, unbegrenzte, und soviel wir einsehen konnten, unbegrenzbare Thätigkeit. Soll die geforderte Beziehung möglich seyn, so muſs diese Thätigkeit, als eine solche, durch deren Gegensaz eine andere, (die begrenzte) bestimmt werden soll, im Ich schon vorhanden seyn. Es ist also noch die Frage zu beantworten: Wie, und durch welche Veranlassung kommt das Ich zu einem Handeln dieser Art? — Wir nahmen dann um das Empfundne, was ausserhalb der bestimmten Grenze liegen sollte, durch das Ich zu umfassen, und in dasselbe setzen zu können, eine Thätigkeit an, welche die Grenze hinausschöbe — in das Unbegrenzte, so viel wir einsehen konnten. Daſs eine solche Handlung vorkomme, ist dadurch erwiesen, daſs ausserdem die geforderte Beziehung nicht möglich seyn würde; aber es bleibt immer die Frage zu beantworten; warum soll denn auch überhaupt jene Beziehung, und mithin jene Handlung, als die Bedingung derselben, vorkommen? Gesezt, es würde in der Folge sich ergeben, daſs jene beiden Thätigkeiten eine und eben dieselbe wären, so würde daraus folgen: um sich selbst begrenzen zu können, muſs das Ich die Grenze hinausschieben, und um die Grenze hinausschieben zu können, muſs es sich selbst begrenzen, und dadurch würden denn Empfindung und Anschauung, und in der Empfindung innere Anschauung (die des Empfindenden) und äussere, (die des Empfundnen) innigst vereinigt, und keins wäre ohne das andere möglich.

Ohne uns hier an die strenge Form zu binden; die bisher befolgt, und bestimmt genug vorgezeichnet ist, so, dafs jeder mit leichter Mühe unser Raisonnement nach derselben prüfen kann, gehen wir zur Beförderung der Deutlichkeit in dieser wichtigen und entscheidenden, aber verwickelten Untersuchung einen natürlichern Weg; suchen die aufgeworfnen und sich aufdringenden Fragen zu beantworten, und erwarten vom Resultate, was alsdann weiter vorzunehmen seyn möchte.

A.) Woher die der realen und begrenzten entgegenzusetzende ideale, und unbegrenzte Thätigkeit? oder wenn wir auch dies hier noch nicht erfahren sollten, lassen sich nicht noch einige Beiträge zur Charakteristik derselben liefern?

Die begrenzte Thätigkeit als solche, sollte durch den Gegensaz mit ihr bestimmt, demnach auf dieselbe bezogen werden. Aber was nicht gesezt ist, dem läfst nichts sich entgegensetzen. Mithin wird für die Möglichkeit der verlangten Beziehung nicht nur die begrenzte, sondern, um was es hier eigentlich zu thun ist, auch die unbegrenzte ideale Thätigkeit *vorausgesezt*, sie ist Bedingung der Beziehung, diese aber — wenigstens nicht vom gegenwärtigen Gesichtspunkte aus betrachtet — nicht umgekehrt Bedingung von jener. Soll die Beziehung möglich seyn, so ist die ideale Thätigkeit schon im Ich vorhanden.

Ununtersucht, woher sie entstehe, und was ihre bestimmte Veranlassung sey; ist so viel klar, dafs für sie gar kein Grenzpunkt C. ist, dafs sie auf denselben, und nach demselben ihre Richtung gar nicht nimmt, sondern völlig frei, und unabhängig in das Unbegrenzte hinausgeht.

Sie

Sie soll durch den Gegensaz mit der begrenzten, als unbegrenzt ausdrüklich gesezt werden; das heifst nothwendig, da nichts begrenzt ist, was nicht eine bestimmte Grenze hat, mithin die begrenzte nothwendig als in dem bestimmten C. begrenzt gesezt werden mufs, sie soll gesezt werden, als *nicht in C.* begrenzt. (Ob sie etwa über C. hinaus in einem andern möglichen Punkte begrenzt werden möge, bleibt durch diese Gegensetzung völlig unbestimmt, und soll eben unbestimmt bleiben.)

Mithin wird in der Beziehung der bestimmte Grenzpunkt C. auf sie bezogen, er mufs demnach, da sie vor der Beziehung vorher gegeben seyn soll, wirklich in ihr liegen; sie berührt nothwendig diesen Punkt, wenn er auf sie beziehbar seyn soll, doch ohne auf ihn ursprünglich gerichtet zu seyn, gleichsam von Ohngefähr, wie es hier scheinen möchte.

Im Beziehen wird der Punkt C. in ihr gesezt, da wo er hinfällt, ohne die geringste Freiheit. Der Einfallspunkt ist bestimmt; nur das ausdrükliche Setzen desselben, *als des* Einfallspunktes ist Thätigkeit des Beziehens. Im Beziehen wird ferner jene ideale Thätigkeit gesezt, als *über diesen Punkt hinausgehend.* Dies ist abermals nicht möglich, ohne dafs derselbe allenthalben in ihr, inwiefern sie über ihn hinausgehen soll, gesezt werde, als ein solcher, über welchen sie hinaus ist. Er wird demnach ihrer ganzen Ausdehnung nach in sie übertragen; es wird allenthalben, wo auf sie reflektirt wird, ein Grenzpunkt, nur zum Versuche, und idealisch, gesezt, um dessen Entfernung von dem ersten festen und unbeweglichen Punkte zu messen. Da diese Thätigkeit aber hinaus*gehen*, immerfort gehen; und nirgends begrenzt seyn soll, so läfst dieser zweite idealische Punkt nirgends sich festsetzen, sondern er ist fortschwebend, und zwar so, dafs in der ganzen Ausdehnung kein Punkt (idealisch,) sich setzen lasse, den er nicht berührt habe. So gewifs demnach jene ideale Thätigkeit, über den Grenzpunkt hinausgehen soll, so gewifs wird derselbe hinausgetragen, in das unendliche (bis wir wieder an eine neue Grenze kommen dürften.)

Durch welche Thätigkeit wird derselbe nun hinausgetragen? durch die vorausgesezte ideale, oder durch die des Beziehens? Vor der Beziehung vorher durch die ideale offenbar nicht, denn insofern ist für diese gar kein Grenzpunkt vorhanden. Das Beziehen selbst aber sezt jenes Hinaustragen, als Unterscheidungs- und Beziehungs- Grund schon voraus. Mithin wird eben in der Beziehung, und durch sie der Grenzpunkt, und das Hinaustragen desselben synthetisch in sie gesezt; und zwar gleichfalls durch ideale Thätigkeit, denn alles Beziehen ist lediglich im Ich begründet, wie wir wissen: nur durch eine andere ideale Thätigkeit.

Wir finden hier folgende Handlungen des Ich, die wir um der Folge Willen aufzählen. 1.) eine solche, welche die ideale Thätigkeit zum Objekt hat, 2.) eine solche, welche die reale und begrenzte zum Objekt hat. Beide müssen zugleich im Ich vorhanden, mithin nur Eine und eben dieselbe seyn; ob wir gleich noch nicht einsehen, wie dies möglich seyn könne. 3) Eine solche, welche aus der realen den Grenzpunkt in die ideale überträgt, und ihm in derselben folgt. Durch

Durch sie wird in der idealen Thätigkeit selbst etwas unterscheidbar, inwiefern nemlich dieselbe geht bis C. und völlig rein ist; und inwiefern sie geht über C. hinaus, und also die Grenze hinaustragen soll. Diese Bemerkung wird in der Folge wichtig werden. — Wir unterlassen hier diese besondern Handlungen weiter zu charakterisiren, da eine vollständige Charakteristik derselben erst in der Folge möglich wird.

Es wird — um Verwechselungen mit dem folgenden zu verhüten, bezeichnen wir die bestimmten Thätigkeiten mit Buchstaben — es wird entgegengesezt und bezogen die ideale Thätigkeit gehend von A über C. in das Unbegrenzte, und die reale gehend von A bis zum Grenzpunkte C.

B) Das Ich kann sich, wie wir so eben näher gesehen, nicht als begrenzt setzen, ohne zugleich über die Grenze hinauszugehen, und dieselbe von sich zu entfernen. Dennoch soll dasselbe, zugleich indem es über die Grenze geht, sich auch durch dieselbe Grenze begrenzt setzen, welches aufgestelltermaafsen sich widerspricht. Nun ist zwar gesagt worden, es sey begrenzt, und unbegrenzt in ganz entgegengesezter Rüksicht, und nach ganz entgegengesezten Arten der Thätigkeit; das erstere, inwiefern dieselbe real, das leztere, inwiefern sie ideal ist. Nun haben wir zwar diese beiden Arten der Thätigkeit einander entgegengesezt; aber durch kein anderes Merkmal; als das der Begrenztheit, oder Unbegrenztheit: und unsre Erklärung dreht sich demnach in einem Zirkel. Das Ich sezt die reale Thätigkeit, als die begrenzte, und die ideale, als die unbegrenzte; Wohl, und welche sezt sie denn als die reale?

reale? Die begrenzte; und die umbegrenzte, als die ideale. Können wir nicht aus diesem Zirkel herauskommen, und einen von der Begrenztheit völlig unabhängigen Unterscheidungsgrund für die reale und ideale Thätigkeit aufzeigen, so ist die geforderte Unterscheidung und Beziehung unmöglich. Wir werden einen solchen Unterscheidungsgrund finden, und unsre gegenwärtige Untersuchung geht darauf aus.

Wir wollen vorläufig den Satz aufstellen, dessen Wahrheit sich bald bewähren wird: Das Ich kann sich *für sich* überhaupt nicht setzen, ohne sich zu begrenzen, und dem zu Folge aus sich herauszugehen.

Das Ich ist ursprünglich durch sich selbst gesezt, d. h. es ist, was es ist für irgend eine Intelligenz ausser ihm; sein Wesen ist in ihm selbst begründet; so müfste es gedacht werden, *wenn* es gedacht würde. Wir können ihm ferner, aus Gründen, die in der Grundlage des praktischen Wissens aufgestellt sind, ein Streben die Unendlichkeit *auszufüllen* sowohl, als eine Tendenz dieselbe zu *umfassen*, d. i. über sich selbst, als ein unendliches, zu reflektiren, zuschreiben. Beides kommt ihm zu, so gewifs es ein Ich ist. (S. 263. f. d. Grundl.) Aber aus dieser blossen Tendenz entsteht kein Handeln des Ich, und es kann daraus keins entstehen.

Setzet, es gehe so strebend fort bis C. und in C. werde sein Streben die Unendlichkeit zu erfüllen, gehemmt, und abgebrochen; es versteht sich, für eine mögliche Intelligenz ausser ihm, welche dasselbe beobachtet, und dieses sein Streben in ihrem eignen Bewufstseyn gesezt hat. Was wird dadurch in ihm enstehen? Das-

Dasselbe strebte zugleich über sich selbst zu reflektiren, vermochte es aber nicht, weil jedes Reflektirte begrenzt seyn muſs, das Ich aber unbegrenzt war.

In C. wird es begrenzt; demnach tritt in C. mit der Begrenzung zugleich die Reflexion des Ich auf sich selbst ein; es kehrt in sich zurük, es findet sich selbst, es fühlt *sich*, offenbar aber noch nichts ausser sich.

Diese Reflexion des Ich auf sich selbst ist, wie wir von dem Punkte aus, auf welchem wir stehen, allerdings sehen, und wie die mögliche Intelligenz ausser dem Ich gleichfalls sehen würde, eine Handlung des Ich, begründet in der nothwendigen Tendenz, und in der hinzugekommenen Bedingung. Was aber ist sie für das Ich selbst? In dieser Reflexion findet es sich zuerst: *für sich* entsteht es erst. Es kann den Grund von irgend etwas nicht in sich annehmen, ehe es selbst war. Für das Ich ist demnach jenes Selbstgefühl ein blosses Leiden; für sich *reflektirt* es nicht, sondern *wird* reflektirt durch etwas ausser sich. *Wir* sehen es handeln, aber mit Nothwendigkeit, theils, in Absicht des Handelns überhaupt nach den Gesetzen seines Wesens, theils in Absicht des bestimmten Punktes, vermöge einer Bedingung ausser ihm. Das *Ich selbst* sieht sich gar nicht handeln, sondern es ist lediglich leidend.

Das Ich *ist* jezt für sich selbst; und es ist, weil, und inwiefern es begrenzt ist. Es muſs, so gewiſs es ein Ich, und begrenzt seyn soll, sich als begrenzt setzen, d. i. es muſs ein begrenzendes sich entgegensetzen. Dies geschieht nothwendig durch eine Thätigkeit, welche über die Grenze C. hinüber geht, und das über ihr liegen sollende als ein dem strebenden Ich entgegenge-

seztes

seztes auffaſst. Was ist dies für eine Thätigkeit, — zuförderst für den Beobachter, und dann, was für eine ist es für das Ich?

Sie ist lediglich im Ich begründet, der Form und dem Inhalte nach. Das Ich *sezt* ein begrenzendes, weil es begrenzt *ist*, und weil es alles, was in ihm seyn soll, setzen muſs. Es sezt dasselbe *als* ein begrenzendes, mithin als ein entgegengeseztes, und Nicht-Ich, weil es eine *Begrenztheit* in sich erklären soll. Man glaube daher keinen Augenblik, daſs hier dem Ich ein Weg eröfnet werde, in das Ding an sich (d. i. ohne Beziehung auf ein Ich) einzudringen. Das Ich ist beschränkt; von dieser Voraussetzung gehen wir aus. — Hat diese Beschränkung an sich, d. i. ohne Beziehung auf eine mögliche Intelligenz, einen Grund? wie ist dieser Grund beschaffen? Wie könnte ich doch dies wissen? wie kann ich mit Vernunft antworten, wenn mir aufgelegt wird, von aller Vernunft zu abstrahiren? Für das Ich, d. h. für alle Vernunft *hat sie einen Grund*, denn für dasselbe sezt alle Begrenzung ein begrenzendes voraus; und dieser Grund liegt gleichfalls für das Ich, *nicht* im Ich selbst, denn dann wären in demselben widersprechende Principien, und es wäre überhaupt nicht; sondern in einem entgegengesezten; und ein solches entgegengeseztes wird als solches nach jenen Gesetzen der Vernunft durch das Ich gesezt, und ist sein Produkt.

(Wir argumentiren so: das Ich ist begrenzt (es muſs nothwendig begrenzt werden, wenn es je ein Ich werden soll,) es muſs, nach den Gesetzen seines Wesens, diese Begrenzung und den Grund derselben in ein begrengrenzendes setzen, und das leztere ist demnach sein Produkt. — Sollte jemand mit dem transcendenten Dogmatism sich selbst so innig verwebt haben, daſs er sich nach allem und durch alles bis jezt gesagte von demselben noch nicht losmachen können, derselbe würde gegen uns ohngefähr folgendermaaſsen argumentiren: Ich gebe diese ganze aufgestellte Folgerungsweise des Ich, als die Erklärungsart desselben zu; aber dadurch entsteht im Ich bloſs die Vorstellung von dem Dinge, und diese ist allerdings sein Produkt, nicht aber das Ding selbst; ich aber frage nicht nach der Erklärungsart, sondern nach der Sache selbst und an sich. Das Ich soll begrenzt seyn, sagt ihr. *Diese Begrenzung an sich betrachtet*, und von der Reflexion derselben durch das Ich, als welche mich hier nicht angeht, völlig abstrahirt, *muſs doch einen Grund haben*, und dieser Grund ist eben das Ding an sich. — Hierauf antworten wir nun, daſs er gerade so erklärt, wie das Ich, auf welches wir reflektiren; daſs er selbst jenes Ich so gewiſs ist, so gewiſs er nach den Gesetzen der Vernunft in seiner Folgerung sich richtet; und daſs er bloſs auf diesen Umstand reflektiren möge, um zu sehen, daſs er noch immer, nur ohne sein Wissen, mit uns in dem gleichen Zirkel sich befand, in welchem wir uns mit unserm Wissen befanden. Wenn er sich in seiner Erklärungsweise nicht von den Denkgesetzen seines Geistes losmachen kann, so wird er nie aus dem Umkreis heraus kommen, den wir um ihn gezogen haben. Macht er sich aber davon los, so werden seine Einwürfe uns abermals nicht gefährlich seyn. Woher sein Beharren auf einem Dinge an sich, auch nachdem er zugestanden, daſs in uns nur die Vorstellung davon sey, herkomme, werden wir noch in diesem §. vollkommen sehen.)

Was ist die aufgezeigte Handlung für das Ich? Nicht das, was für den Zuschauer, weil für dasselbe nicht die Gründe da sind, aus denen der Zuschauer sie beurtheilt. Für ihn war sie lediglich im Ich, sowohl der Form, als dem Inhalte nach: weil das Ich, zu Folge seines ihm bekannten, blofs thätigen, und insbesondere durch Reflexion thätigen Wesens reflektiren mufste. Für sich selbst ist das Ich noch gar nicht als reflektirend, nicht einmal als thätig gesezt, sondern es ist lediglich leidend, laut des obigen. Es wird demnach seines Handelns sich gar nicht bewufst, noch kann es sich desselben bewufst werden, sondern das Produkt desselben, wenn es ihm erscheinen könnte, würde ihm erscheinen, als ohne alles sein Zuthun vorhanden.

(Das was hier deducirt worden, im Bewufstseyn ursprünglich, und gleich bei der Entstehung desselben zu bemerken, und sich gleichsam auf der That zu ergreifen, ist darum unmöglich, weil bei der Reflexion über seine eigne bestimmte Handelsweise das Gemüth schon auf einer weit höhern Stufe der Reflexion sich befinden mufs. Aber etwas ähnliches können wir bei dem, was man Anknüpfung einer neuen Reihe im Bewufstseyn nennen möchte, etwa beim Erwachen aus einem tiefen Schlafe, oder aus einer Ohnmacht, besonders an einem uns unbekannten Orte, wahrnehmen. Das, womit dann unser Bewufstseyn anhebt, ist allemal das Ich; wir suchen, und finden zunächst uns selbst; und nun richten wir unsere Aufmerksamkeit auf

auf die Dinge um uns her, um durch sie uns zu orientiren, wir fragen uns: wo bin ich? wie bin ich hiehergekommen? was ist zulezt mit mir vorgegangen? um die jetzige Reihe der Vorstellungen an andre abgelaufne anzuknüpfen.)

C) Für den Beobachter ist jezt das Ich über den Grenzpunkt C. hinausgegangen, mit der beständig fortdauernden Tendenz über sich zu reflektiren. Da es nicht reflektiren kann, ohne begrenzt zu seyn, sich selbst aber nicht zu begrenzen vermag, so ist klar, dafs die geforderte Reflexion nicht möglich seyn werde, wenn es nicht über C. hinaus, in dem möglichen Punkte D. abermals begrenzt wird. Da aber die Aufzeigung, und Bestimmung dieser neuen Grenze uns zu weit, und auf Dinge führen würde, die in den gegenwärtigen §. nicht gehören, so müssen wir uns hier begnügen unserm vollen Rechte nach zu postuliren: wenn das herausgehende ein Ich seyn soll, so mufs es sein Herausgehen setzen, oder über dasselbe reflektiren; jedoch ohne uns dadurch der Verbindlichkeit entledigen zu wollen, an seinem Orte die Bedingung der Möglichkeit einer solchen Reflexion aufzuzeigen.

Das Ich producirte durch sein blosses Hinausgehen als solches, (für den möglichen Beobachter) ein Nicht-Ich ohne alles Bewufstseyn. Es reflektirt jezt auf sein Produkt, und *sezt* es in dieser Reflexion *als* Nicht-Ich; das leztere schlechthin und ohne alle weitere Bestimmung, und gleichfalls ohne alles Bewufstseyn, weil über das Ich noch nicht reflektirt ist. — Wir verweilen bei diesen Handlungen des Ich nicht länger, weil sie hier völlig unbegreiflich sind, und wir zu seiner Zeit,

Zeit, nur auf dem entgegengesezten Wege, wieder bei denselben ankommen werden. *)

Es muſs über das Produkt dieser seiner zweiten Handlung, ein als solches geseztes Nicht-Ich überhaupt, wieder reflektiren; gleichfalls nicht ohne eine neue Begrenzung, die wir zu seiner Zeit aufzeigen werden. — Das Ich ist im Gefühl leidend gesezt; das ihm entgegengesezte Nicht-Ich mufs demnach thätig gesezt werden.

Ueber das als thätig gesezte Nicht-Ich wird abermals reflektirt, gleichfalls unter der oben angegebnen Bedingung; und erst jezt treten wir auf das Gebiet unſrer gegenwärtigen Untersuchung. Wir stellen uns, wie bisher immer, und wie es in dergleichen Untersuchungen, die über den gewöhnlichen Gesichtskreis hinausgehen, und ungeübten Denkern transcendent scheinen, sehr vortheilhaft ist, auf den Gesichtspunkt eines möglichen Beobachters, weil wir aus dem des untersuchten Ich nichts sehen konnten.

Es ist durch das Ich und im Ich, (doch wie mehrmals erinnert worden, ohne Bewufstseyn) gesezt ein thätiges Nicht-Ich. Auf dieses geht eine neue Thätigkeit des Ich, oder auch, es wird über dasselbe reflektirt. Nur über das begrenzte kann reflektirt werden; die Thätigkeit des Nicht-Ich wird demnach nothwendig begrenzt, und zwar *als* Thätigkeit, weil und inwiefern sie *in Handlung* gesezt ist — nicht etwa dem Umfange ihres Wirkungskreises nach, so daſs sie z. B. nur bis E. oder F. und nicht weiter vorrükte, wie man voreiliger-

*) Wir erhalten hier beiläufig eine Uebersicht der Punkte die wir noch zu untersuchen haben.

eiligerweise vermuthen dürfte. Woher sollten wir doch hier einen solchen Umfang bekommen, da es noch keinen Raum giebt? Das Nicht-Ich bleibt nicht *thätig*, sondern es wird ruhend, die Aeusserung seiner Kraft wird gehemmt, und es bleibt ein blofses Substrat der Kraft übrig, welches leztere zur Zeit nur gesagt wird, um uns verständlich zu machen in der Folge aber gründlich deducirt werden soll. — (Wir können von unserm Gesichtspunkte aus annehmen, dafs die Thätigkeit des Nicht-Ich lediglich durch die reflektirende Thätigkeit des Ich, in und durch das Reflektiren gehemmt werde, und wir werden zu seiner Zeit das Ich selbst auf den Gesichtspunkt stellen, von welchem aus es das Gleiche annimmt: da aber das Ich hier dieser Thätigkeit sich weder unmittelbar noch mittelbar (durch Folgerung) bewufst wird, so kann dasselbe jene Hemmung auch nicht aus ihr erklären, sondern wird dieselbe von einer entgegengesezten Kraft eines andern dem ersten entgegengesezten Nicht-Ich ableiten, wie wir zu seiner Zeit sehen werden).

Inwiefern das Ich reflektirt, reflektirt es nicht über dieses Reflektiren selbst; es kann nicht zugleich auf das Objekt handeln, und auf dieses sein Handeln handeln; es wird demnach der aufgezeigten Thätigkeit sich nicht bewufst, sondern vergifst sich selbst gänzlich, und verliert sich im Objekte derselben; und wir haben demnach hier wieder die oben geschilderte äussere (die aber noch nicht *als* äussere gesezt ist) erste ursprüngliche Anschauung, aus welcher aber noch gar kein Bewufstseyn, nicht nur kein Selbstbewufstseyn, denn das

das ergiebt sich zur Gnüge aus dem obigen, sondern selbst kein Bewufstseyn des Objekts entsteht.

Von dem gegenwärtigen Gesichtspunkte aus wird vollkommen klar, was oben bei Ableitung der Empfindung über den Widerstreit entgegengesetzter Thätigkeiten des Ich und des Nicht-Ich gesagt wurde, die sich gegenseitig vernichten sollten. Es könnte keine Thätigkeit des Ich vernichtet werden, wenn dasselbe nicht erst aus dem, was wir uns als ihren ersten und ursprünglichen Umfang einbilden können (das, was in unsrer Darstellung von A. bis C. liegt) in den Wirkungskreis des Nicht-Ich (von C. an in die Unendlichkeit hinaus) herausgegangen wäre. Es wäre ferner kein Nicht-Ich, und keine Thätigkeit desselben, wenn nicht das Ich dieselben gesezt hätte; beide sind sein Produkt. — Die Thätigkeit des Nicht-Ich wird vernichtet, inwiefern *darauf* reflektirt wird, dafs sie vorher gesezt war, und jezt durch die Reflexion und zum Behuf ihrer Möglichkeit aufgehoben wird; die des Ich, wenn man *darauf* reflektirt, dafs dasselbe über sein Reflektiren, in welchem es doch allerdings thätig ist, nicht wieder reflektirt; sondern in demselben sich verliert, und sich selbst gleichsam zum Nicht-Ich umwandelt, welches leztere in der Folge sich noch mehr bestätigen wird. — Kurz, wir stehen hier gerade auf dem Punkte, von welchem wir im vorigen §. und bei der ganzen besondern theoretischen Wissenschaftslehre ausgingen; bei dem Widerstreite, der im Ich für den möglichen Beobachter seyn soll, über welchem aber noch nicht reflektirt worden, und der daher noch nicht für das Ich im Ich ist, daher sich auch von dem

bis-

bisherigen noch nicht das mindeste Bewufstseyn ableiten läfst, ohngeachtet wir nun alle möglichen Bedingun-
gen desselben haben.

VII.

Das Ich ist jezt für sich selbst in Beziehung auf die
Möglichkeit einer Reflexion über sich selbst, was es
bei'm Anfange unsrer Untersuchung für einen möglichen Beobachter ausser demselben war. Der letztere
fand vor ein Ich, als Etwas, als wahrnehmbares, und
als Ich zu denkendes Wesen, ein Nicht-Ich, gleichfalls als Etwas, und einen Berührungspunkt zwischen
beiden. Dadurch allein aber entstand in ihm noch keine Vorstellung von der Begrenztheit des Ich, wenn
er nicht auf beide reflektirte. Er sollte reflektiren,
denn nur insofern war er ein Beobachter, und er hat
seitdem allen Handlungen, die aus dem Wesen des Ich
nothwendig erfolgen mufsten zugesehen.

Durch diese Handlungen ist das Ich selbst nunmehro auf den Punkt gekommen, auf welchem zu Anfange der Beobachter sich befand. Es ist in demselben, innerhalb seines *für den Beobachter* gesezten Wirkungskreises, und als Produkt des Ich selbst vorhanden ein Ich, als etwas Wahrnehmbares, (weil es begrenzt ist) ein Nicht-Ich, und ein Berührungspunkt
zwischen beiden. Das Nicht-Ich darf nur reflektiren,
um gerade das zu finden, was vorher nur der Zuschauer finden konnte.

Das Ich hat schon ursprünglich beim Anfange alles seines Handelns über sich reflektirt, und aus Nothwendigkeit reflektirt, wie wir oben gesehen haben. —
Es

Es war in ihm die Tendenz überhaupt zu reflektiren; durch die Begrenzung kam die Bedingung der Möglichkeit des Reflektirens hinzu, es reflektirte nothwendig. Daher entstand ein Gefühl, und aus diesem alles übrige, was wir abgeleitet haben. Die Tendenz zur Reflexion geht fort in das Unendliche, sie ist daher noch immer im Ich vorhanden: und das Ich kann demnach über sein erstes Reflektiren selbst, und über alles, was daraus erfolgt ist, reflektiren, da die Bedingung der Reflexion, eine Einschränkung durch etwas, das sich als Nicht-Ich betrachten läfst, vorhanden ist.

Es *mufs* nicht reflektiren, wie wir dies bei der erstern Reflexion annahmen, denn dasjenige, wodurch es für die jezt mögliche Reflexion bedingt ist, ist nicht unbedingt ein Nicht-Ich, sondern es läfst sich auch ansehen, als enthalten im Ich. — Das, wodurch es begrenzt ist, ist das durch dasselbe producirte Nicht-Ich. Man dürfte dagegen sagen: da es durch sein eignes Produkt begrenzt seyn soll, so soll es sich selbst begrenzen, und dies ist zu wiederholten Malen für den härtesten Widerspruch erklärt worden, und auf die Nothwendigkeit, diesem Widerspruche auszuweichen, gründet sich das ganze bisherige Raisonnement. Aber theils ist dasselbe nicht ganz und absolut sein eignes Produkt, sondern es wurde nur unter Bedingung einer Begrenzung durch ein Nicht-Ich gesezt, theils hält es dasselbe gerade aus diesem Grunde, nicht für sein eignes Produkt, inwiefern es sich dadurch begrenzt sezt; und so wie es dasselbe für sein eignes Produkt anerkennt, sezt es sich dadurch nicht begrenzt.

Wenn aber das, was wir in das Ich gesezt haben, nur wirklich im *Ich* vorhanden seyn soll, *so* mufs dasselbe

selbe reflektiren. Wir postuliren demnach diese Reflexion, und haben das Recht sie zu postuliren. — Es dürften vielleicht, wenn man uns einen Augenblik, blofs um uns verständlich zu machen, einen transcendenten Gedanken erlauben will, mannigfaltige Eindrücke auf uns geschehen: wenn wir nicht darauf reflektiren, so wissen wir es nicht, und es sind daher, im transscendentalen Sinne, gar keine Eindrücke auf uns, als Ich, geschehen.

Die geforderte Reflexion geschieht aus den angeführten Gründen mit absoluter Spontaneität: das Ich reflektirt, schlechthin, weil es reflektirt. Nicht nur die Tendenz zur Reflexion, sondern die Handlung der Reflexion selbst ist im Ich begründet; sie ist zwar *bedingt* durch etwas ausser dem Ich, durch den geschehenen Eindruk; aber sie ist dadurch nicht *necessitirt*.

Wir können bei dieser Reflexion sehen auf zweierlei; auf das dadurch *reflektirte* Ich, und auf das darin *reflektirende* Ich. Unsre Untersuchung theilt sich demnach in zwei Theile, welche wohl, wie nach der synthetischen Methode zu erwarten ist, einen dritten herbeiführen dürften.

A.) Dem Ich hat bis jezt noch nichts zugeschrieben werden können, als das Gefühl; es ist ein fühlendes und nichts weiter. Das reflektirte Ich ist begrenzt, heifst demnach, es fühlt sich begrenzt, oder es ist in ihm ein Gefühl der Begrenztheit, des Nichtkönnens, oder des Zwanges vorhanden. Wie dies möglich sey, wird sogleich klar werden.

Inwiefern das Ich sich begrenzt sezt, geht es hinaus über die Grenze; ist Kanon: also es sezt zugleich

D noth-

nothwendig das Nicht-Ich, aber ohne Bewufstseyn seines Handelns. Es ist mit jenem Gefühl des Zwanges vereinigt eine Anschauung des Nicht-Ich, aber eine blofse Anschauung, in welcher das Ich sich selbst in dem Angeschauten vergifst.

Beides, das angeschaute Nicht-Ich, und das gefühlte und sich fühlende Ich müssen synthetisch vereinigt werden, und das geschieht vermittelst der Grenze. Das Ich fühlt sich begrenzt, und sezt das angeschaute Nicht-Ich, als dasjenige, wodurch es begrenzt ist. — Gemeinfafslich ausgedrükt: Ich sehe etwas, und zugleich ist in mir ein Gefühl eines Zwanges vorhanden, den ich unmittelbar nicht erklären kann. Er soll aber erklärt werden. Ich beziehe also beides auf einander, und sage: das, was ich sehe, ist der Grund des gefühlten Zwanges.

Was hierbei noch einige Schwierigkeit machen könnte, wäre folgende Frage: Wie kommt es, dafs ich überhaupt mich gezwungen fühle: *ich* erkläre mir das Gefühl freilich aus dem angeschauten Nicht-Ich; aber ich kann nicht anschauen, wenn ich nicht schon fühle. Demnach ist jenes Gefühl unabhängig von der Anschauung zu erklären. Wie geschieht dies? Nun ist es gerade diese Schwierigkeit die uns nöthigen wird die jetzige Synthesis als in sich unvollständig, und unmöglich, an eine andere anzuknüpfen, die Sache umzukehren, und zu sagen: ich kann eben so wenig einen Zwang fühlen, ohne anzuschauen; und demnach ist beides synthetisch vereinigt. Eins begründet nicht das andere, sondern beide begründen sich gegenseitig. Jedoch aber, um diese Erörterung im voraus zu erleichtern,

tern, wollen wir uns sogleich hier, und wie die Sachen stehen, auf die obige Frage einlassen.

Das Ich geht ursprünglich darauf aus die Beschaffenheit der Dinge durch sich selbst zu bestimmen; es fordert schlechthin Kausalität. Dieser Forderung, in wiefern sie auf Realität ausgeht, und demnach reale Thätigkeit genannt werden kann, wird widerstanden, und dadurch wird eine andere, ursprünglich im Ich begründete Tendenz über sich selbst zu reflektiren, befriedigt, und es entsteht zunächst eine Reflexion auf eine als bestimmt gegebne Realität, die, inwiefern sie schon bestimmt ist, nur durch die ideale Thätigkeit des Ich, die des Vorstellens, Nachbildens, aufgefafst werden kann. Wird nun beides, sowohl das auf die Beschaffenheit des Dinges *ausgehende*, als das die ohne Zuthun des Ich bestimmte Beschaffenheit *nachbildende*, gesezt als Ich, als ein und eben dasselbe Ich, (und dies geschieht durch absolute Spontaneität) so wird das reale Ich durch die angeschaute, seiner Thätigkeit, wenn sie fortgegangen wäre, entgegengesezte Beschaffenheit des Dinges begrenzt gesezt, und das so synthetisch vereinigte ganze Ich fühlt sich selbst als begrenzt, oder gezwungen. — Das Gefühl ist die ursprünglichste Wechselwirkung des Ich mit sich selbst, ehe noch ein Nicht-Ich — es versteht sich *im* Ich, und *für* das Ich — vorkommt; denn zur Erklärung des Gefühls mufs es allerdings gesezt werden. Das Ich strebt in die Unendlichkeit hinaus; das Ich reflektirt auf sich, und begrenzt sich dadurch: dies ist oben abgeleitet, und daraus möchte ein möglicher Zuschauer ein Gefühl des Ich folgern, aber es entsteht noch kein Selbstgefühl. Beides, das begrenzte, und das begrenzende Ich werden durch absolute Spontaneität synthetisch vereinigt, gesezt, als dasselbe Ich: dies ist hier abgeleitet, und dadurch entsteht für das Ich ein Gefühl, ein Selbstgefühl, innige Vereinigung des Thuns, und Leidens in einem Zustande.)

B) Es soll ferner reflektirt werden auf das in jener Handlung reflektirende Ich. Auch diese Reflexion geschieht nothwendig mit absoluter Spontaneität, wird aber, wie sich erst im folgenden zeigen wird, nicht lediglich postulirt, sondern durch synthetische Nothwendigkeit, als Bedingung der Möglichkeit der vorher postulirten Reflexion herbeigeführt. Uns ist es hier weniger um sie selbst, als um ihr Objekt, inwiefern es das ist, zu thun.

Das in jener Handlung reflektirende Ich, handelte mit absoluter Spontaneität, und sein Handeln war lediglich im Ich begründet: es war ideale Thätigkeit. Es mufs demnach auf sie reflektirt werden, als eine solche, und sie mufs gesezt werden, als hinausgehend über die Grenze — ins unendliche, wenn nicht in Zukunft durch eine andere Reflexion sie begrenzt wird. Es kann aber zu Folge der Reflexions-Gesetze auf nichts reflektirt werden, ohne dafs dasselbe, sey es auch blofs und lediglich durch die Reflexion, begrenzt werde: also jene Handlung des Reflektirens ist, so gewifs über sie reflektirt wird, begrenzt. Es läfst sich sogleich einsehen, was bei jener Unbegrenztheit, welche bleiben mufs, diese Begrenztheit seyn werde. — Die Thätigkeit kann nicht reflektirt werden, als Thätigkeit, (seines Handelns unmittelbar wird das Ich sich nie bewufst, wie auch ohne dies bekannt ist) sondern als Substrat,

Substrat, mithin als Produkt einer absoluten Thätigkeit des Ich.

Es ist sogleich einleuchtend, dafs das dieses Produkt setzende Ich im Setzen desselben sich selbst vergifst, dafs mithin dieses Produkt, ohne Bewufstseyn des Anschauens angeschaut wird.

Inwiefern also das Ich über die absolute Spontaneität seines Reflektirens in der ersten Handlung wieder reflektirt, wird ein unbegrenztes Produkt der Thätigkeit des Ich, als solches gesezt. — Wir werden dieses Produkt in der Folge näher kennen lernen.

Dies Produkt soll als Produkt des Ich gesezt werden; es mufs demnach nothwendig auf das Ich bezogen werden. Auf das anschauende Ich kann dasselbe nicht bezogen werden, denn dieses ist, laut des obigen, noch gar nicht gesezt. Das Ich ist noch nicht gesezt, als inwiefern es sich begrenzt fühlt, auf dieses müste es demnach bezogen werden.

Aber das Ich, das sich als begrenzt fühlt, ist demjenigen, welches durch Freiheit etwas, und etwas unbegrenztes producirt, entgegengesezt; das fühlende ist nicht frei, sondern gezwungen; und das producirende ist nicht gezwungen, sondern es producirt mit Freiheit.

So mufs es denn auch allerdings seyn, wenn Beziehung, und synthetische Vereinigung möglich, und nöthig seyn soll; wir haben demnach für die geforderte Beziehung nur den Beziehungsgrund aufzuweisen.

Dieser müste seyn Thätigkeit mit Freiheit, oder absolute Thätigkeit. Eine solche kommt nun dem begrenzten Ich nicht zu; es zeigt sich demnach nicht, wie eine Vereinigung zwischen beiden möglich sey.

Wir dürfen nur noch einen Schritt thun, um das überraschendste, die uralten Verwirrungen endende, und die Vernunft auf ewig in ihre Rechte einsetzende Resultat zu finden. — Das Ich selbst soll doch das beziehende seyn. Es geht also nothwendig, schlechthin durch sich selbst, ohne irgend einen Grund, und wider den äussern Grund aus der Begrenzung heraus, eignet eben dadurch das Produkt sich zu, und macht es zu dem seinigen durch Freiheit. — Beziehungsgrund, und beziehendes sind dasselbe.

Dieser Handlung wird das Ich sich nie bewufst, und kann sich derselben nie bewufst werden; ihr Wesen besteht in der absoluten Spontaneität, und sobald über diese reflektirt wird, hört sie auf Spontaneität zu seyn. Das Ich ist nur frei, indem es handelt; so wie es auf diese Handlung reflektirt, hört dieselbe auf frei, und überhaupt Handlung zu seyn, und wird Produkt.

Aus der Unmöglichkeit des Bewufstseyns einer freien Handlung entsteht der ganze Unterschied zwischen Idealität, und Realität, zwischen Vorstellung, und Ding, wie wir bald näher sehen werden.

Die Freiheit, oder was das gleiche heifst, das unmittelbare Handeln des Ich, als solches, ist der Vereinigungspunkt der Idealität, und Realität. Das Ich *ist* frei, indem und dadurch dafs es sich frei sezt, sich befreit: und es sezt sich frei, oder befreit sich, indem es frei ist. Bestimmung und Seyn, sind Eins; Handelndes, und Behandeltes sind Eins; eben indem das Ich

Ich sich zum Handeln bestimmt, handelt es in diesem Bestimmen; und indem es handelt, bestimmt es sich.

Das Ich kann sich nicht durch Reflexion als frei setzen, dies ist ein Widerspruch, und auf diesem Wege könnten wir nie zu der Annahme kommen, dafs wir frei seyn; aber es eignet sich etwas zu, als Produkt seiner eignen freien Thätigkeit, und insofern sezt es sich wenigstens mittelbar als frei. *)

C.) Das Ich ist beschränkt, indem es sich fühlt, und es sezt sich insofern als beschränkt, nach der erstern Synthesis. Das Ich ist frei, und es sezt sich wenigstens mittelbar als frei, indem es etwas als Produkt seiner freien Thätigkeit sezt, nach der zweiten Synthesis. Beide Bestimmungen des Ich, die der Beschränktheit im Gefühl, und die der Freiheit im Produciren sind völlig entgegengesezt. Nun könnte vielleicht in ganz verschiednen Rüksichten das Ich sich als frei, oder als bestimmt setzen, so dafs dadurch die Identität desselben nicht aufgehoben würde. Aber es ist in beiden Synthesen ausdrüklich gefordert worden, dafs

―――――

*) Die Beweise des gesunden Menschenverstandes für die Freiheit sind demnach ganz richtig, und dem Gange des menschlichen Geistes vollkommen angemessen. — Diogenes ging, um vor der Hand sich selbst — denn die verirrte Spekulation war dadurch freilich noch nicht in ihre Grenze zurükgewiesen — die geläugnete Möglichkeit der Bewegung zu beweisen. Eben so — wollt ihr jemand die Freiheit weg vernünfteln, und gelingt es euch wirklich durch eure Scheingründe Zweifel über die in Anspruch genommene Sache zu erregen, so demonstrirt er sie sich auf der Stelle durch Realisirung eines Produkts, das er nur von seinem eignen freien Handeln ableiten kann.

dafs es sich als beschränkt setzen solle, weil und inwiefern es sich als frei sezt, und als frei, weil, und inwiefern es sich als beschränkt sezt. Es soll demnach frei und beschränkt in einer und eben derselben Rüksicht seyn; dies widerspricht sich offenbar, und dieser Widerspruch mufs gehoben werden. — Wir gehen zuförderst noch tiefer ein in den Sinn der als entgegengesezt aufgestellten Sätze.

1) Das Ich soll sich als beschränkt setzen, weil und inwiefern es sich als frei sezt. — Das Ich *ist* frei, lediglich inwiefern es handelt; wir hätten demnach vorläufig die Frage zu beantworten: was heifst *handeln*; welches ist sein Unterscheidungsgrund vom Nichthandeln? — Alle Handlung sezt Kraft voraus; es wird absolut gehandelt, heifst; die Kraft wird lediglich durch sich selbst, und in sich selbst bestimmt, d. i. sie erhält ihre Richtung. Sie hatte demnach vorher keine Richtung, war nicht in Handlung gesezt, sondern ruhende Kraft, ein blofses Streben nach Kraftanwendung. So gewifs demnach das Ich sich absolut handelnd setzen soll, vorläufig in der Reflexion, so gewifs mufs es sich auch als nichthandelnd setzen. Bestimmung zum Handeln sezt Ruhe voraus. — Ferner, die Kraft giebt sich schlechthin eine Richtung, d. i. sie giebt sich ein Objekt, auf welches sie gehe. Die Kraft selbst giebt ihr selbst das Objekt; aber was sie sich geben soll, mufs sie, inwiefern sie es giebt, auch schon haben; es müste ihr demnach schon gegeben seyn, gegen welches Geben sie sich leidend verhalten hätte. Also Selbstbestimmung zum Handeln sezt nothwendig sogar ein Leiden voraus — und wir finden uns hier

aber-

abermals in neue Schwierigkeiten verwickelt, von welchen aus aber gerade das hellste Licht über unsre ganze Untersuchung sich verbreiten wird.

2) Das Ich soll sich als frei setzen, weil, und inwiefern es sich als beschränkt sezt. — Das Ich sezt sich begrenzt, heifst, es sezt seiner Thätigkeit eine Grenze (nicht es producirt diese Begrenzung, sondern es sezt sie nur als gesezt, durch eine entgegengesezte Kraft). Das Ich mufs demnach, um beschränkt worden zu seyn, schon gehandelt, seine Kraft mufs schon eine Richtung, und zwar eine Richtung durch Selbstbestimmung gehabt haben. Alle Begrenzung sezt freies Handeln voraus.

Wir wenden jezt diese Grundsätze an auf den vorliegenden Fall.

Das Ich ist, für sich selbst noch immer gezwungen, genöthigt, begrenzt, insofern dasselbe hinausgeht über die Begrenzung, ein Nicht-Ich sezt, und dasselbe anschaut, ohne seiner selbst in dieser Anschauung sich bewufst zu werden. Nun ist dieses Nicht-Ich, wie wir von dem höhern Gesichtspunkte aus, auf welchen wir uns gestellt haben, wissen, sein Produkt, und dasselbe mufs darauf reflektiren, als auf sein Produkt. Diese Reflexion geschieht nothwendig durch absolute Selbstthätigkeit.

Das Ich, ein und eben dasselbe Ich mit einer und eben derselben Thätigkeit kann nicht zugleich ein Nicht-Ich produciren, und auf dasselbe, als auf sein Produkt reflektiren. Es mufs demnach seine erstere Thätigkeit begrenzen, abbrechen, so gewifs die geforderte zweite ihm zukommen soll, und dieses Unterbrechen seiner erstern

Thätigkeit geschieht gleichfals durch absolute Spontaneität, da die ganze Handlung dadurch geschieht. Unter dieser Bedingung allein ist auch absolute Spontaneität möglich. Das Ich soll durch sie sich bestimmen. Dem Ich aber kommt nichts zu, ausser Thätigkeit. Es müste demnach eine seiner Handlungen begrenzen, und abermals darum, weil ihm nichts ausser Thätigkeit zukommt, durch eine andere der ersten entgegengesezte Handlung begrenzen.

Das Ich soll ferner sein Produkt, das entgegengesezte, begrenzende Nicht-Ich setzen, *als* sein Produkt. Eben durch diejenige Handlung, durch welche dasselbe, wie so eben gesagt worden, sein Produciren abbricht, sezt es dasselbe als solches, erhebt es dasselbe zu einer höhern Stufe der Reflexion. Die untere, erste Region der Reflexion ist dadurch abgebrochen, und es ist uns jezt blofs um den Uebergang von der einen zur andern, um ihren Vereinigungspunkt zu thun. Aber das Ich wird, wie bekannt, seines Handelns unmittelbar sich nie bewufst; es kann demnach das geforderte nur mittelbar durch eine neue Reflexion als sein Produkt setzen.

Es mufs durch dieselbe gesezt werden, als Produkt der absoluten Freiheit, und das Kennzeichen eines solchen ist, dafs es auch anders seyn könne, und als anders seyend gesezt werden könne. Das anschauende Vermögen schwebt zwischen verschiedenen Bestimmungen, und sezt unter allen möglichen nur eine, und dadurch erhält das Produkt den eigenthümlichen Charakter des *Bildes*.

(Um

(Um uns verständlich zu machen, stellen wir als Beispiel auf ein Objekt mit verschiednen Merkmalen; ohnerachtet bis jezt von einem solchen noch nicht die Rede seyn kann. — Ich bin in der ersten Anschauung, der producirenden, verloren in ein Objekt. Ich reflektire zuförderst auf mich selbst, finde mich, und unterscheide von mir das Objekt. Aber noch ist in dem Objekte alles verworren, und unter einander gemischt, und es ist weiter auch nichts, denn ein Objekt. Ich reflektire jezt auf die einzelnen Merkmale desselben z. B. auf seine Figur, Größe, Farbe, u. s. f. und setze sie in meinem Bewufstseyn. Bei jedem einzelnen Merkmale dieser Art bin ich anfangs zweifelhaft, und schwankend, lege meiner Beobachtung ein willkührliches Schema, von einer Figur, einer Größe, einer Farbe, die sich denen des Objekts nähern, zum Grunde, beobachte genauer, und bestimme nun erst mein Schema der Figur etwa zu einem Würfel, das der Größe etwa zu dem einer Faust, dafs der Farbe etwa zu dem der dunkelgrünen. Durch dieses Uebergehen von einem unbestimmten Produkte der freien Einbildungskraft zu der völligen Bestimmung in einem und eben demselben Akte wird das, was in meinem Bewufstseyn vorkommt, ein Bild, und wird gesezt, als ein Bild. Es wird *mein* Produkt, weil ich es als durch absolute Selbstthätigkeit bestimmt setzen mufs.)

Inwiefern das Ich dieses Bild sezt, als Produkt seiner Thätigkeit, sezt es demselben nothwendig etwas entgegen, das kein Produkt derselben ist; welches nicht mehr bestimmbar, sondern vollkommen bestimmt ist, und ohne alles Zuthun des Ich, durch sich selbst bestimmt ist. Dies ist das *wirkliche Ding*, nach welchem

das

das bildende Ich in Entwerfung seines Bildes sich richtet, und das ihm daher bei seinem Bilden nothwendig vorschweben muſs. Es ist das Produkt seiner ersten jezt unterbrochnen Handlung, das aber in dieser Beziehung unmöglich als solches gesezt werden kann.

Das Ich bildet nach demselben; es muſs demnach im Ich enthalten, seiner Thätigkeit zugänglich seyn: oder, es muſs zwischen dem Dinge, und dem Bilde vom Dinge, die einander entgegengesezt werden, ein Beziehungsgrund sich aufweisen lassen. Ein solcher Beziehungsgrund nun ist eine völlig bestimmte, aber bewuſstseynlose Anschauung des Dinges. Für sie, und in ihr sind alle Merkmale des Objekts vollkommen bestimmt, und insofern ist sie beziehbar auf das Ding, und das Ich ist in ihr leidend. Dennoch ist sie auch eine Handlung des Ich, und daher beziehbar auf das im Bilden handelnde Ich. Dasselbe hat Zugang zu ihr; es bestimmt nach der in ihr angetroffenen Bestimmung sein Bild: (oder, wenn man lieber will, denn beides ist gleichgeltend, es durchläuft die in ihm vorhandnen Bestimmungen mit Freiheit, zählt sie auf, und prägt sie sich ein.)

(Diese Mittelanschauung ist äusserst wichtig; wir merken daher sogleich, obschon wir wieder zu ihr zurükkommen, einiges an über sie.

Dieselbe ist hier durch eine Synthesis postulirt, als Mittelglied, das nothwendig vorhanden seyn muſs, wenn ein Bild vom Objekte möglich seyn soll. Es bleibt aber immer die Frage: woher kommt sie? — läſst sie sich, da wir hier mitten im Kreise der Handlungen des vernünftigen Geistes sind, welche alle zusammen hangen,

gen, wie die Glieder einer Kette, nicht auch noch anderwärts her ableiten? Und das läfst sie sich allerdings. — Das Ich producirt ursprünglich das Objekt. Es wird in diesem Produciren, zum Behuf einer Reflexion über das Produkt unterbrochen. Was geschieht durch diese Unterbrechung mit der unterbrochnen Handlung. Wird sie gänzlich vernichtet, und ausgetilgt? Das kann nicht seyn; denn dann würde durch die Unterbrechung der ganze Faden des Bewufstseyns abgerissen, und es liesse sich nie ein Bewufstseyn deduciren. Ferner wurde ia ausdrüklich gefordert, dafs über das Produkt derselben reflektirt werden sollte, und das wäre abermals nicht möglich, wenn sie gänzlich aufgehoben wäre, Handlung aber bleibt sie unmöglich, denn dasjenige, worauf ein Handeln geht, ist insofern nicht Handlung. Aber ihr Produkt, das Objekt mufs bleiben, und die unterbrechende Handlung geht demnach auf das Objekt und macht es gerade dadurch zu *Etwas*, zu einem festgesezten, und fixirten, dafs sie darauf geht, und das erste Handeln unterbricht.

Ferner, diese Handlung des Unterbrechens selbst, die wir jezt als gerichtet auf das Objekt kennen, dauert sie als Handlung fort, oder nicht?

Das Ich unterbrach selbstthätig sein Produciren, um auf das Produkt zu reflektiren, also um eine neue Handlung an die Stelle der erstern zu setzen, und insbesondre, da wo wir jezt stehen, dieses Produkt zu setzen, *als das seinige*. Das Ich kann nicht zugleich in verschiednen Beziehungen handeln; also jene auf das Objekt gerichtete Handlung ist, inwiefern gebildet wird, selbst abgebrochen; sie ist blofs als Produkt vorhanden, d. h.

d. h. nach allem, sie ist eine unmittelbare auf das Objekt gerichtete Anschauung, und als solche gesezt — also es ist gerade diejenige Anschauung, die wir so eben als Mittelglied aufgestellt haben, und die auch von einer andern Seite als solches sich zeigt.

Diese Anschauung ist ohne Bewufstseyn, gerade aus dem gleichen Grunde, aus welchem sie vorhanden ist, weil das Ich nicht doppelt handeln, mithin nicht auf zwei Gegenstände zugleich reflektiren kann. Es wird im gegenwärtigen Zusammenhange betrachtet, als setzend sein Produkt, *als solches*, oder als bildend; es kann sich demnach nicht zugleich setzen, als unmittelbar das Ding anschauend.

Diese Anschauung ist der Grund aller Harmonie, den wir zwischen unsern Vorstellungen, und den Dingen annehmen. Wir entwerfen unsrer eigen Aussage nach durch Spontaneität ein Bild, und es läfst sich gar wohl erklären, und rechtfertigen, wie wir dasselbe als unser Produkt ansehen, und es in uns setzen können. Nun aber soll diesem Bilde etwas ausser uns liegendes, durch das Bild gar nicht hervorgebrachtes, noch bestimmtes, sondern unabhängig von demselben nach seinen eignen Gesetzen existirendes entsprechen; und da läfst sich denn gar nicht einsehon, nicht nur mit welchem Rechte wir so etwas behaupten, sondern sogar nicht, wie wir auch nur auf eine solche Behauptung kommen mögen, wenn wir nicht zugleich eine unmittelbare Anschauung von dem Dinge haben. Überzeugen wir uns nur einmal von der Nothwendigkeit einer solchen unmittelbaren Anschauung, so werden wir auch die Ueberzeugung, dafs demnach das Ding in uns selbst

liegen

liegen müsse, da wir auf nichts unmittelbar handeln
können, als auf uns selbst, nicht lange zurükhalten
können.)

Im Bilden ist das Ich völlig frei, wie wir so eben
gesehen haben. Das Bild ist auf eine gewisse Art bestimmt, weil das Ich dasselbe so und nicht anders, welches es in dieser Rüksicht allerdings auch könnte, bestimmt; und durch diese Freiheit im Bestimmen wird
das Bild beziehbar auf das Ich, und läfst sich setzen in
dasselbe, und als sein Produkt.

Aber dieses Bild soll nicht leer seyn, sondern es
soll demselben ein Ding ausser dem Ich entsprechen:
es mufs demnach auf dieses Ding bezogen werden.
Wie das Ding dem Ich für die Möglichkeit dieser Beziehung zugänglich werde, nemlich durch eine vorauszusetzende unmittelbare Anschauung des Dinges, ist
so eben gesagt worden. Insofern nun das Bild bezogen
wird auf das Ding ist es völlig bestimmt, es mufs gerade so seyn, und darf nicht anders seyn; denn das
Ding ist vollkommen bestimmt, und das Bild soll demselben entsprechen. Die vollkomne Bestimmung ist der
Beziehungsgrund zwischen dem Bilde und dem Dinge,
und das Bild ist jezt von der unmittelbaren Anschauung des Dinges nicht im geringsten verschieden.

Dadurch wird dem vorhergehenden offenbar wi-
dersprochen; denn was nothwendig so seyn mufs, wie
es ist, und gar nicht anders seyn kann, ist kein Produkt des Ich, und läfst sich in dasselbe gar nicht se-
zen, oder darauf beziehen (Unmittelbar seiner Freiheit
im Bilden wird das Ich ohnedies sich nicht bewufst,
wie mehrmals erinnert worden; dafs es aber, inwiefern

es

es das Bild auch mit andern möglichen Bestimmungen sezt, dasselbe als sein Produkt sezt, ist gezeigt, und ist durch keine folgende Operation der Vernunft umzustofsen. Wenn es aber gleich darauf eben dieses Bild auf das Ding bezieht, so sezt es dasselbe dann nicht mehr als sein Produkt, der vorige Zustand des Ich ist vorüber, und es giebt zwischen ihm, und dem gegenwärtigen keinen Zusammenhang, als etwa den, den ein möglicher Zuschauer dadurch dafs er das in beiden Zuständen handelnde Ich als Ein und Ebendasselbe denkt, hineinsezt. Iezt ist nur Ding was vorher nur Bild war. Nun mufs es allerdings dem Ich ein leichtes seyn, sich wieder auf die vorige Stuffe der Reflexion zurükzuversetzen, aber dadurch entsteht abermals kein Zusammenhang, und jezt ist wieder nur Bild, was vorher nur Ding war. Wenn der vernünftige Geist nicht hierbei nach einem Gesetze verführe, das wir eben hier aufzusuchen haben, so würde daraus ein fortdauernder Zweifel entstehen, ob es nur Dinge, und keine Vorstellungen von ihnen, oder ob es nur Vorstellungen, und keine ihnen entsprechende Dinge gäbe, und jezt würden wir das in uns vorhandne für ein blosses Produkt unsrer Einbildungskraft, jezt für ein ohne alles unser Zuthun uns afficirende Ding halten. Diese schwankende Ungewifsheit ensteht denn auch wirklich, wenn man einen solcher Untersuchungen ungewohnten nöthigt, uns zu gestehen, dafs die Vorstellung von dem Dinge doch nur in ihm anzutreffen seyn könne. Er getheht es jezt zu; und sagt gleich darauf; es ist aber doch ausser mir, und findet vielleicht gleich darauf abermals dafs es in ihm sey, bis er wieder nach aussen getrieben wird. Er kann sich aus dieser Schwierigkeit

nicht

nicht heraushelfen; denn ob er gleich von jeher in allem feinen theoretifchen Verfahren die Gefetze der Vernunft befolgt hat, fo kennt er fie doch nicht wiffenfchaftlich, und kann fich nicht Rechenfchaft über fie ablegen.)

Die Idee des aufzufuchenden Gefetzes wäre folgendes: Es müfte ein Bild gar nicht möglich feyn, ohne ein Ding; und ein Ding müfte wenigftens in der Rückficht, in welcher hier davon die Rede feyn kann, d. i. für das Ich, nicht möglich feyn, ohne ein Bild. So würden beide, das Bild und das Ding in fynthetifcher Verbindung ftehen, und eins würde nicht gefezt werden können, ohne dafs auch das andre gefezt würde.

Das Ich foll das Bild beziehen auf das Ding. Es ift zu zeigen, dafs diefe Beziehung nicht möglich fey, ohne Vorausfetzung des Bildes, *als eines folchen*, d. i. als eines freien Produkts des Ich. Wird durch die geforderte Beziehung das Ding überhaupt erft möglich, fo wird durch Erhärtung der leztern Behauptung bewiefen, dafs das Ding nicht möglich fey, ohne das Bild. — Umgekehrt, das Ich foll mit Freiheit das Bild entwerfen. Es müfte gezeigt werden, dafs dies nicht möglich fey, ohne Vorausfetzung des Dinges; und es wäre dadurch dargethan, dafs kein Bild möglich fey, ohne ein Ding (es verfteht fich, ein Ding für das Ich.)

Wir reden zuförderft von der Beziehung des, es verfteht fich, vollkommen beftimmten Bildes auf das Ding. Sie gefchieht durch das Ich; aber diefe Handlung deffelben kommt nicht unmittelbar zum Bewuft-

E feyn;

feyn; und es läfst daher fich nicht wohl einfehen, wie das Bild vom Dinge unterfchieden werden möge. Das Ich müfte demnach wenigftens mittelbar im Bewuftfeyn vorkommen, und fo würde eine Unterfcheidung des Bildes vom Dinge möglich werden.

Das Ich kommt mittelbar im Bewuftfeyn vor — heifst: das Objekt feiner Thätigkeit (Produkt derfelben, nur ohne Bewuftfeyn) wird gefezt als Produkt durch Freiheit, als anders feyn könnend, als zufällig.

Auf diefe Art wird das Ding gefezt, inwiefern das vollkommen beftimmte Bild darauf bezogen wird. Es ift da ein vollkommen beftimmtes Bild, d. i. eine Eigenfchaft, z. B. die rothe Farbe. Es mufs ferner, wenn die geforderte Beziehung möglich feyn foll, da feyn ein Ding. Beide follen fynthetifch vereinigt werden durch eine abfolute Handlung des Ich; das leztere foll durch die erftere beftimmt werden. Mithin mufs es vor der Handlung, und unabhängig von ihr dadurch nicht beftimmt feyn; es mufs gefezt feyn, als ein folches, dem diefe Eigenfchaft zukommen kann, oder auch nicht, und lediglich dadurch, dafs ein Handeln gefezt wird, wird die Zufälligkeit der Befchaffenheit des Dinges für das Ich gefezt. Das feiner Befchaffenheit nach zufällige Ding aber entdekt fich eben dadurch als ein vorausgefetztes Produkt des Ich, dem nichts zukommt, als das Seyn. Die freie Handlung, und die Nothwendigkeit, dafs eine folche freie Handlung vorkomme, ift der einzige Grund des Ueberganges vom unbeftimmten zum beftimmten, und umgekehrt.

(Wir

(Wir fuchen diefen wichtigen Punkt noch etwas deutlicher zu machen. — In dem Urtheile: A ift roth, kommt vor zuförderft A. Dies ift gefezt; inwiefern es A. feyn foll, gilt von ihm der Satz: A = A; es ift, als A, durch fich felbft vollkommen beftimmt; etwa feiner Figur, feiner Gröfse, feiner Stelle im Raume nach u. f. f. wie man es fich in dem gegenwärtigen Falle denken kann; ohngeachtet, wie wohl zu merken ift, dem Dinge von welchem wir oben redeten, da es noch gänzlich unbeftimmt feyn foll, gar nichts zukommt, als das, dafs es ein Ding ift, d. h. dafs es *ift*. — Dann kommt in Urtheile vor *roth*. Dies ift gleichfalls vollkommen beftimmt, d. h. es ift gefezt, als ausfchliefsend alle übrigen Farben, als nicht-gelb, nicht-blau u. f. w. [gerade wie oben, und wir haben daher hier ein Beifpiel, was durch die vollkommne Beftimmung der Eigenfchaft, oder wie wir es auch genannt haben, des Bildes gemeint werde.] Wie ift nun in Rükficht der rothen Farbe A. vor dem Urtheile? Offenbar unbeftimmt. Es können ihm alle Farben, und darunter auch die rothe zukommen. Erft durch das Urtheil, d. i. durch die fynthetifche Handlung des Urtheilenden vermittelft der Einbildungskraft, welche Handlung durch die Copula *ift* ausgedrückt wird, wird das unbeftimmte beftimmt; es werden ihm alle mögliche Farben, die ihm zukommen könnten, die gelbe, blaue, u. f. w. durch Uebertragung des Prädikats nicht-gelb nicht-blau, u. f. w. = roth, abgefprochen. — A ift unbeftimmt, fo gewifs geurtheilt wird. Wäre es fchon beftimmt, fo würde gar kein Urtheil gefällt, es würde nicht gehandelt.)

Wir haben als Refultat unfrer Unterfuchung den Satz: *Wenn die Realität des Dinges, (als Substanz) vorausgefezt wird, wird die Befchaffenheit deffelben gefezt, als zufällig, mithin mittelbar als Produkt des Ich*; und wir haben demnach hier die Befchaffenheit im Dinge, woran wir das Ich anknüpfen können.

Zur Beförderung der Ueberficht zeichnen wir das fyftematifche Schema vor, wornach wir uns in der endlichen Auflöfung unfrer Frage zu richten haben, und deffen Gültigkeit in der Grundlage, bei Erörterung des Begriffs der Wechfelwirkung erwiefen worden. — Das Ich fezt fich felbft als Totalität, oder es beftimmt fich; dies ift nur unter der Bedingung möglich, dafs es etwas von fich ausfchliefse, wodurch es begrenzt wird. Ift A Totalität, fo wird B ausgefchloffen. — Nun aber ift B, fo gewifs es ausgefchloffen wird, auch gefezt; es foll durch das Ich, welches blofs unter diefer Bedingung A. als Totalität fetzen kann, gefezt feyn, das Ich mufs demnach auch über daffelbe als gefezt reflektiren. Nunmehro aber ift A. nicht mehr Totalität; fondern es wird durch das Geseztfeyn des andern felbft ausgefchloffen von der Totalität, wie wir uns in der Grundlage ausdrückten, und es ift demnach gefezt A+B. — Ueber daffelbe *in diefer Vereinigung*, mufs wieder reflektirt werden, denn fonft wäre es nicht vereinigt; aber durch diefe Reflexion wird es felbft begrenzt, mithin als Totalität gefezt, und es mufs ihm nach der obigen Regel etwas entgegengefezt werden. — Inwiefern durch die angeführte Reflexion A+B gefezt wird, als Totalität, wird es dem abfolut als Totalität gefezten A (hier dem Ich) gleich gefezt; gefezt, und aufgenommen

men in das Ich, in der uns nun wohl bekannten Bedeutung, mithin wird ihm insofern B entgegengesezt, und da B hier in A+B. mit enthalten ist, wird B sich selbst entgegengesezt, inwiefern es theils vereinigt ist mit A (enthalten im Ich) theils entgegengesezt A (dem Ich). A+B wird nach der oben angegebnen, und erwiesnen Formel bestimmt durch B. — Auf A+B bestimmt durch B muſs als solches, d. i. inwiefern A+B durch B bestimmt ist, reflektirt werden. — Dann ist aber, da B durch B bestimmt seyn soll, auch das mit demselben synthetisch vereinigte A. dadurch bestimmt; und da B und B synthetisch vereinigt seyn sollen, auch das mit dem erstern B. vereinigte A. damit synthetisch vereinigt. Dies widerspricht dem ersten Satze, nach welchem A und B schlechthin entgegen gesezt seyn sollen. Dieser Widerspruch ist nicht anders zu lösen, als dadurch, dafs A ihm selbst entgegengesezt werde; und so wird A+B bestimmt durch A, so wie es in der Erörterung des Begriffs der Wechselwirkung gefordert wurde. Nun aber kann A ihm selbst nicht entgegen gesezt seyn, wenn die geforderten Synthesen möglich seyn sollen. Es mufs demnach sich gleich, und sich entgegengesezt seyn zugleich, d. h. es mufs eine Handlung des absoluten Vermögens des Ich, der Einbildungskraft, geben, durch welche daſselbe absolut vereinigt wird. — Wir gehen nach diesem Schema an die Untersuchung.

Ist A. Totalität., und wird als solche gesezt, so wird B. ausgeschlossen. — Das Ich sezt sich mittelbar als Ich, und begrenzt sich insofern, inwiefern es das Bild mit absoluter Freiheit entwirft, und zwischen mehrern möglichen

lichen Beſtimmungen deſſelben in der Mitte ſchwebt.
Das Bild iſt noch nicht beſtimmt, aber es wird beſtimmt;
das Ich iſt in der Handlung des Beſtimmens begriffen.
Das iſt der ſchon oben vollkommen geſchilderte Zu-
ſtand, auf welchen wir uns hier beziehen. Er heiſse
A. (Innere Anſchauung des Ich im freien Bilden.)

Inwiefern das Ich ſo handelt, ſezt es dieſem frei
ſchwebenden Bilde, und mittelbar ſich ſelbſt, dem bil-
denden, entgegen die vollkommen beſtimmte Eigenſchaft, von der wir ſchon oben gezeigt haben, daſs ſie
umfaſst, und aufgefaſst werde durch das Ich, vermittelſt der unmittelbaren Anſchauung des Dinges, in welcher aber das Ich ſeiner ſelbſt ſich nicht bewuſt iſt. Jenes beſtimmte wird nicht als Ich geſezt, ſondern demſelben entgegengeſezt, und alſo ausgeſchloſſen. Es
heiſse B.

*B wird geſezt, und demnach A von der Totalität
ausgeſchloſſen.* — Das Ich ſezte die Eigenſchaft als beſtimmt, und es konnte ſich, wie es doch ſollte, im Bilden keinesweges als frei ſetzen, ohne ſie ſo zu ſetzen.
Das Ich muſs demnach, ſo gewiſs es ſich frei bildend
ſetzen ſoll, auf jene Beſtimmtheit der Eigenſchaft reflektiren. (Es iſt hier nicht die Rede von der ſynthetiſchen Vereinigung mehrerer Merkmale in Einem Subtrat, und eben ſo wenig von der ſynthetiſchen Vereinigung des Merkmals mit dem Subſtrate, wie ſich ſogleich ergeben wird; ſondern von der vollkommnen
Beſtimmtheit des vorſtellenden Ich in Auffaſſung eines
Merkmals, wovon als Beiſpiel man ſich indeſſen die
Figur eines Körpers im Raume denken kann.) Dadurch
wird

wird nun das Ich von der Totalität ausgeſchloſſen, d. h. es iſt ſich ſelbſt nicht mehr genug, es iſt nicht mehr durch ſich ſelbſt, ſondern durch etwas anderes ihm völlig entgegengeſeztes beſtimmt; ſein Zuſtand, d. i. das Bild in ihm läſst ſich nicht mehr lediglich aus ihm ſelbſt, ſondern bloſs durch etwas auſſer ihm erklären, und es iſt demnach geſezt A+B. oder A beſtimmt durch B als Totalität. (Aeuſſere beſtimmte reine Anſchauung.) (Ueberhaupt bei den gegenwärtigen Unterſcheidungen, und beſonders bei der jetzigen iſt wohl zu merken, daſs etwas denſelben einzeln entſprechendes im Bewuſtſeyn gar nicht vorkommen könne. Die geſchilderten Handlungen des menſchlichen Geiſtes kommen nicht getrennt vor in der Seele, und werden dafür auch gar nicht ausgegeben; ſondern alles was wir jezt aufſtellen, geſchieht in ſynthetiſcher Vereinigung, wie wir denn beſtändig fort den ſynthetiſchen Gang gehen, und von dem Vorhandenſeyn des einen Gliedes auf das Vorhandenſeyn der übrigen ſchlieſsen. Ein Beiſpiel der deducirten Anſchauung würde ſeyn die Anſchauung jeder reinen geometriſchen Figur, z. B. die eines Kubus. Aber eine ſolche Anſchauung iſt nicht möglich. Man kann ſich keinen Kubus einbilden, ohne den Raum, in dem er ſchweben ſoll, ſich zugleich einzubilden, und dann ſeine Grenze zu beſchreiben; und findet hier zugleich in der ſinnlichen Erfahrung den Satz erwieſen, daſs das Ich keine Grenze ſetzen könne, ohne zugleich ein begrenzendes, durch die Grenze ausgeſchloſnes zu ſetzen.)

Auf A+B muſs, und zwar in dieſer Verbindung, reflektirt werden, d. h. es wird auf die Beſchaffenheit,

als

als eine bestimmte, reflektirt. Ohne dies wäre sie nicht im Ich; ohne dies wäre das geforderte Bewußtseyn derselben nicht möglich. Wir werden demnach von dem Punkte aus, auf welchem wir stehen, selbst, und durch keinen in ihm selbst liegenden Grund weiter getrieben (eben so das Ich, welches der Gegenstand unsrer Untersuchung ist) und das ist eben das Wesen der Synthesis; hier liegt jenes die Unvollständigkeit verrathende X, von dem oft die Rede gewesen. — Diese Reflexion geschieht, wie jede, durch absolute Spontaneität; das Ich reflektirt schlechthin, weil es Ich ist. Es wird seiner Spontaneität in diesem Handeln sich nicht bewußt, aus dem oft angeführten Grunde; aber das Objekt seiner Reflexion, inwiefern es das ist, wird dadurch Produkt jener Spontaneität, und es muſs ihm das Merkmal eines Produktes der freien Handlung des Ich, die *Zufälligkeit*, zukommen. Nun kann es nicht zufällig seyn; inwiefern es als *bestimmt* gesezt ist, und als solches darüber reflektirt wird, mithin in einer andern Rüksicht, die sich sogleich zeigen wird. — Es wird durch die ihm zukommende Zufälligkeit Produkt des Ich, und darinn aufgenommen; das Ich bestimmt sich demnach abermals, und dies ist nicht möglich, ohne daſs es sich Etwas, also ein Nicht-Ich entgegensetze.

(Hierbei die allgemeine, schon oft vorbereitete, aber nur hier recht deutlich zu machende Bemerkung. Das Ich reflektirt mit Freiheit; eine Handlung des Bestimmens, die eben dadurch selbst bestimmt wird: aber es kann nicht reflektiren, Grenze setzen, ohne zugleich absolut etwas zu produciren, als ein begrenzendes. Also *Bestimmen* und *Produciren* sind immer bei-

beifammen, und dies ift es, woran die Identität des Bewuſtſeyns ſich hält.)

Dieſes entgegengeſezte ift *nothwendig* in Beziehung auf die beſtimmte Eigenſchaft; und dieſe iſt in Beziehung auf jenes *zufällig*. Es iſt ferner, gerade wie die Eigenſchaft, entgegengeſezt dem Ich, und daher, wie ſie, Nicht-Ich, aber ein *nothwendiges* Nicht-Ich.

Aber die Eigenſchaft, als beſtimmtes, und *inwiefern* ſie dies iſt, — alſo, als etwas, gegen welches das Ich ſich blos leidend verhält, — muſs von dem Ich ausgeſchloſſen werden, nach den obigen Erörterungen; und das Ich, wenn und inwiefern es als auf ein beſtimmtes reflektirt, wie hier geſchieht, muſs daſſelbe von ſich ausſchlieſsen. Nun ſchlieſst das Ich in der gegenwärtigen Reflexion auch noch ein anderes Nicht-Ich, als beſtimmt, und nothwendig von ſich aus. Mithin muſs dieſes beides aufeinander bezogen, und ſynthetiſch vereinigt werden. Der Grund der Vereinigung ift der, das beide Nicht Ich demnach in Beziehung auf das Ich Eins und ebendaſſelbe ſind; der Unterſcheidungsgrund der: die Eigenſchaft iſt *zufällig*, ſie könnte auch anders ſeyn, das Subſtrat aber, als ſolches, iſt in Beziehung auf die erſtere nothwendig da. — Beide ſind vereinigt, d. i. ſie ſind in Beziehung auf einander nothwendig und zufällig: die Eigenſchaft muſs ein Subſtrat haben, aber dem Subſtrat muſs nicht dieſe Eigenſchaft zukommen. Ein ſolches Verhältniſs des Zufälligen zum Nothwendigen in der ſynthetiſchen Einheit nennt man das Verhältniſs der *Subſtantialität*. — (B entgegengeſezt B. Das leztere B iſt gar nicht im Ich. — A+B. iſt beſtimmt durch

B,

B. Das in das Ich aufgenommne an fich vollkommen beſtimmte Bild mag immer beſtimmt ſeyn für das Ich; dem Dinge iſt die darinn ausgedrükte Eigenſchaft zufällig. Sie könnte ihm auch nicht zukommen.)

Es mufs reflektirt werden auf das im vorigen Geſchäft ausgeſchloſsne B, das wir als das nothwendige Nicht-Ich, im Gegenſatze des im Ich enthaltnen zufälligen kennen. Es folgt aus dieſer Reflexion ſogleich, dafs das vorher als Totalität geſezte A+B nun nicht mehr Totalität, d. i. dafs es nicht mehr das alleinig im Ich enthaltne, und inſofern zufällige ſeyn könne. Es mufs durch das nothwendige beſtimmt werden. *Zuförderſt*, die Eigenſchaft, das Merkmal, Bild, oder wie man es nennen will, mufs dadurch beſtimmt werden. Sie war geſezt, als dem Dinge zufällig, das leztere als nothwendig; ſie ſind demnach völlig entgegengeſezt. Iezt müſſen ſie, ſo gewifs über beide durch das Ich reflektirt werden ſoll, in dieſem Einem, und eben demſelben Ich vereinigt werden. Dies geſchieht durch abſolute Spontaneität des Ich. Die Vereinigung iſt lediglich Produkt des Ich; ſie wird geſezt, heiſst, *es wird ein Produkt durch das Ich geſezt*. — Nun wird das Ich ſeines Handelns unmittelbar ſich nie bewuſt, ſondern nur in dem Produkte, und vermittelſt des Produkts. Die Vereinigung beider mufs daher ſelbſt als zufällig geſezt werden; und da alles zufällige geſezt wird, als entſtanden durch Handeln, mufs ſie ſelbſt geſezt werden, als entſtanden durch Handeln. — Nun kann das, was in ſeinem Daſeyn ſelbſt zufällig iſt, und abhängig von einem andern, nicht als handelnd geſezt werden; mithin nur das Nothwendige. Auf das Nothwendige wird

wird in der Reflexion, und durch fie der Begriff des Handelns übertragen, der eigentlich nur in dem reflektirenden felbft liegt, und das Zufällige wird gefezt als Produkt deffelben, als Aeufferung feiner freien Thätigkeit. Ein folches fynthetifches Verhältnis heifst das der *Wirkfamkeit*, und das Ding in diefer fynthetifchen Vereinigung des Nothwendigen und Zufälligen in ihm betrachtet, ift das *wirkliche* Ding.

(Wir machen bei diefem höchft wichtigen Punkte einige Anmerkungen.

1.) Die fo eben aufgezeigte Handlung des Ich ift offenbar eine Handlung durch die Einbildungskraft in der Anfchauung; denn theils vereinigt das Ich völlig entgegengefeztes, welches das Gefchäft der Einbildungskraft ift; theils verliert es fich felbft in diefem Handeln, und trägt dasjenige, was in ihm ift, über auf das Objekt feines Handelns, welches die Anfchauung charakterifirt.

2.) Die fogenannte Kategorie der Wirkfamkeit zeigt fich demnach hier, als lediglich in der Einbildungskraft entfprungen: und fo ift es, es kann nichts in den Verftand kommen, auffer durch die Einbildungskraft. Welche Aenderung der Verftand mit jenem Produkte der Einbildungskraft vornehmen werde, läfst fich fchon hier vorausfehen. Wir haben das Ding gefezt, als *frei* handelnd, und ohne alle Regel, (wie es denn auch wirklich, fo lange der Verftand feine Handelsweife nicht umfafst, und begreift, im Bewuftfeyn gefezt wird, als *Schikfal* mit allen feinen möglichen Modifikationen;) weil die Einbildungskraft ihr eignes *freies*

Han-

Handeln darauf überträgt. Es fehlt das Gesezmäſ-
ſige. Wird der gebundne Verſtand auf das Ding
ſich richten, ſo wird daſſelbe nach einer Regel
wirken, ſo wie er ſelbſt.

3.) *Kant*, der die Kategorien urſprünglich als
Denkformen erzeugt werden läſst, und der von
ſeinem Geſichtspunkte aus daran völlig Recht hat,
bedarf der durch die Einbildungskraft entworfnen
Schemate, um ihre Anwendung auf Objekte möglich zu machen; er läſst ſie demnach eben ſowohl,
als wir, durch die Einbildungskraft bearbeitet werden, und derſelben zugänglich ſeyn. In der Wiſſenſchaftslehre entſtehen ſie *mit den Objekten zugleich* und um dieſelben erſt möglich zu machen,
auf dem Boden der Einbildungskraft ſelbſt.

4.) *Maimon* ſagt über die Kategorie der Wirkſamkeit daſſelbe, was die Wiſſenſchaftslehre ſagt:
nur nennt er ein ſolches Verfahren des menſchlichen Geiſtes eine Täuſchung. Wir haben anderwärts geſehn, daſs dasjenige nicht Täuſchung zu
nennen ſey, was den Geſetzen des vernünftigen
Weſens angemeſſen iſt, und nach denſelben ſchlecht-
hin nothwendig iſt, und nicht vermieden werden
kann, wenn wir nicht aufhören wollen, vernünftige Weſen zu ſeyn. — Aber der eigentliche Streit-
punkt liegt im folgenden: „Mögt ihr doch immer,"
würde *Maimon* ſagen, „Geſetze des Denkens a prio-
„ri haben, wie ich euch als erwieſen zuge-
ſtehe", (welches allerdings viel zugeſtanden iſt,
denn wie mag doch ein bloſses Geſez im menſchlichen Geiſte vorhanden ſeyn, ohne Anwendung,

eine

eine leere Form ohne Stoff?) „fo könnt ihr diefel-
„ben auf Objekte, doch nur vermittelft der Ein-
„bildungskraft anwenden; mithin muſs im Gefchäft
„der Anwendung in derfelben Objekt und Gefez
„zugleich feyn. Wie kommt fie doch zum Objekte"? Diefé Frage kann nicht anders beantwortet
werden, als fo: fie muſs es felbft produciren, (wie
in der Wiſſenſchaftslehre aus andern Gründen ganz
unabhängig von jenem Bedürfniſs fchon dargethan
worden ift.) — Der durch den Buchftaben *Kants*
allerdings beftätigte, feinem *Geifte* aber völlig wi-
derftreitende Irrthum liegt demnach blofs darin,
daſs das Objekt etwas anderes feyn foll, als ein
Produkt der Einbildungskraft. Behauptet man dieſs,
fo wird man ein transscendenter Dogmatiker, und
entfernt fich gänzlich vom Geifte der kritifchen
Philofophie.

5) *Maimon* hat blofs die Anwendbarkeit des Gefetzes der Wirkfamkeit bezweifelt; er könnte nach
feinen Grundfätzen die Anwendbarkeit aller Gefetze a priori bezweifelt haben. — So *Hume*. Er
erinnerte: ihr felbft feyd es, die ihr den Begriff
der Wirkfamkeit in euch habt, und ihn auf die
Dinge übertraget; mithin hat eure Erkenntniſs
keine objektive Gültigkeit. *Kant* gefteht ihm den
Vorderfatz nicht nur für den Begriff der Wirkfamkeit, fondern für alle Begriffe a priori zu; aber
er lehnt durch den Erweifs, daſs ein Objekt lediglich für ein mögliches Subjekt feyn könne, feine
Folgerung ab. Es blieb in diefem Streite unbe-
rührt, durch welches Vermögen des Subjekts das

im

im Subjekt liegende auf das Objekt übertragen werde. Lediglich durch die Einbildungskraft wendet ihr das Gefez der Wirkfamkeit auf Objekte an, erweifst *Maimon*, mithin hat eure Erkenntnifs keine objektive Gültigkeit, und die Anwendung eurer Denkgefetze auf Objekte ift eine blofse Täufchung. Die Wiffenfchaftslehre gefteht ihm den Vorderfatz nicht nur für das Gefez der Wirkfamkeit, fondern für alle Gefetze a priori zu, zeigt aber durch eine nähere Beftimmung des Objekts, welche fchon in der Kantifchen Beftimmung liegt, dafs unfre Erkenntnifs gerade darum objektive Gültigkeit habe, und nur unter diefer Bedingung fie haben könne. — So geht der Skepticismus, und der Kriticismus jeder feinen einförmigen Weg fort, und beide bleiben fich felbft immer getreu. Man kann nur fehr uneigentlich fagen, dafs der Kritiker den Skeptiker widerlege. Er giebt vielmehr ihm zu, was er fordert, und meiftens noch mehr, als er fordert; und befchränkt lediglich die Anfprüche, die derfelbe meiftentheils gerade wie der Dogmatiker auf eine Erkenntnifs des Dinges an fich macht, indem er zeigt, dafs diefe Anfprüche ungegründet find.)

Das was wir jezt als Aeufferung der Thätigkeit des Dinges kennen, und was durch die übrigens freie Thätigkeit deffelben vollkommen beftimmt ift, ift gefezt in das Ich, und ift beftimmt für das Ich, wie wir oben gefehen haben. Demnach ift mittelbar das Ich felbft dadurch beftimmt; es hört auf Ich zu feyn, und wird felbft Produkt des Dinges, weil das, daffelbe ausfüllende de und ſtellvertretende, Produkt des Dinges iſt. Das Ding wirkt durch, und vermittelſt dieſer ſeiner Aeuſſerung auf das Ich ſelbſt, und das Ich iſt gar nicht mehr Ich, das durch ſich ſelbſt geſezte, ſondern es iſt in dieſer Beſtimmung das durch das Ding geſezte. (Die Einwirkung des Dinges auf das Ich, oder der phyſiſche Einfluſs der Lockianer, und der neuern Eklektiker, die aus den ganz heterogenen Theilen des Leibnitziſchen, und Lockiſchen Syſtems ein unzuſammenhängendes Ganzes zuſammenſetzen, welcher aber von dem gegenwärtigen Geſichtspunkte aus, aber auch nur von ihm aus, völlig gegründet iſt.) — Das aufgeſtellte findet ſich, wenn auf A+B beſtimmt durch B reflektirt wird.

So kann es nicht ſeyn, daher mufs A+B beſtimmt durch B wieder in das Ich geſezt, oder nach der Formel, beſtimmt werden durch A.

Zuförderſt A. d. i. die in dem Ich durch das Ding hervorgebracht ſeyn ſollende Wirkung wird geſezt in Rükſicht auf das Ich, als zufällig. Demnach wird dieſer Wirkung im Ich, und dem Ich ſelbſt, inwiefern es durch ſie beſtimmt iſt, entgegengeſezt ein nothwendig in ſich ſelbſt und durch ſich ſelbſt ſeyendes Ich, das Ich an ſich. Gerade wie oben dem zufälligen im Nicht Ich das nothwendige, oder das Ding an ſich entgegengeſezt wurde, ſo wird hier dem zufälligen im Ich das nothwendige oder das Ich an ſich entgegengeſezt, und dieſes iſt gerade wie das obige Produkt des Ich ſelbſt. Das nothwendige iſt Subſtanz, das zufällige ein Accidens in ihm. — Beide, das zufällige, und das nothwendige müſſen ſynthetiſch vereinigt geſezt werden, als ein und eben daſſelbe Ich. Nun ſind ſie abſolut entgegengegengefezt, mithin nur durch abfolute Thätigkeit des Ich zu vereinigen, welcher, wie oben, das Ich fich nicht unmittelbar bewußt wird, fondern fie überträgt auf die Objekte der Reflexion, demnach das Verhältnifs der Wirkfamkeit zwifchen beiden fezt. Das zufällige wird bewirktes durch die Thätigkeit des abfoluten Ich im Reflektiren, eine Aeufferung des Ich, und infofern etwas wirkliches für daffelbe. Dafs es bewirktes des Nicht Ich feyn follte, davon wird in diefer Reflexion völlig abftrahirt, denn es kann etwas nicht zugleich bewirktes des Ich, und feines entgegengefezten des Nicht-Ich feyn. Dadurch wird nun ausgefchloffen vom Ich das Ding mit feiner Aeufferung, und demfelben völlig entgegengefezt. — Beide, Ich und Nicht-Ich exiftiren an fich nothwendig, Beide völlig unabhängig von einander; beide äuffern fich in diefer Unabhängigkeit, jedes durch feine eigne Thätigkeit und Kraft, die wir noch nicht unter Gefetze gebracht haben, die demnach noch immer völlig frei find.

Es ift jezt deducirt, wie wir dazu kommen, ein handelndes Ich, und ein handelndes Nicht-Ich entgegen zu fetzen, und beide zu betrachten, als völlig unabhängig von einander. Infofern ift das Nicht-Ich überhaupt da, und ift durch fich felbft beftimmt; dafs es aber durch das Ich vorgeftellt wird, ift zufällig für daffelbe. Eben fo ift das Ich da, und handelt durch fich felbft, dafs es aber das Nicht Ich vorftellt, ift zufällig für daffelbe. Die Aeufferung des Dinges in der Erfcheinung ift Produkt des Dinges; diefe Erfcheinung, inwiefern fie für das Ich da ift, und durch daffelbe aufgefafst wird, ift Produkt des Ich.

Das

Das Ich kann nicht handeln, ohne ein Objekt zu haben; alfo durch die Wirkfamkeit des Ich wird die des Nicht-Ich gefezt: das Nicht-Ich kann wirken, aber nicht für das Ich, ohne dafs das Ich auch wirke; dadurch, dafs eine Wirkfamkeit deſſelben *für das Ich* gefezt wird, wird zugleich die Wirkfamkeit des Ich gefezt. Die Aeuſſerungen beider Kräfte find daher nothwendig fynthetifch vereinigt; und der Grund ihrer Vereinigung (das, was wir oben ihre Harmonie nannten) mufs aufgezeigt werden.

Die Vereinigung gefchieht durch abfolute Spontaneität, wie alle Vereinigungen, die wir bis jezt aufgezeigt haben. Was durch Freiheit gefezt ift, hat den Charakter der Zufälligkeit; demnach muſs auch die gegenwärtige fynthetifche Einheit diefen Charakter haben. — Oben wurde das Handeln übertragen; dies ift demnach fchon gefezt, und kann nicht abermals gefezt werden; bleibt die zufällige Einheit des Handelns, d. i. das ohngefähre Zufammentreffen der Wirkfamkeit des Ich und des Nicht Ich *in einem dritten, das weiter gar nicht ift, noch feyn kann, als das, worin fie zufammentreffen;* und welches wir indeſſen *einen Punkt* nennen wollen.

§. 4. **Die Anſchauung wird beſtimmt in der Zeit, und das angefchaute im Raume.**

Die Anfchauung foll feyn im Ich, ein Accidens des Ich, nach dem vorherigen §., das Ich muſs demnach fich fetzen, als das anfchauende; es muſs die Anfchauung in Rükficht auf fich felbft beſtimmen: ein Satz, der im theoretifchen Theile der Wiſſenſchaftslehre poftulirt

lirt wird, nach dem Grundfatze: nichts kommt dem Ich zu, als dasjenige, was es in fich felbft fezt.

Wir verfahren hier nach dem gleichen Schema der Unterfuchung, wie im vorherigen §., nur mit dem Unterfchiede, dafs dort von *etwas*, von einer Anfchauung, hier aber lediglich von einem *Verhältniſſe*, von einer fynthetifchen Vereinigung entgegengefezter Anfchauungen die Rede feyn wird; mithin da, wo dort auf Ein Glied reflektirt wurde, hier auf zwei entgegengefezte in ihrer Verbindung wird reflektirt werden müſſen; demnach hier durchgängig dreifach feyn wird, was dort einfach war.

I) Die Anfchauung, fo wie fie oben beftimmt worden, d. i. die fynthetifche Vereinigung der Wirkfamkeit des Ich, und Nicht Ich durch das zufällige Zufammentreffen in Einem Punkte wird gefezt, und aufgenommen in das Ich heift nach der nun fattsam bekannten Bedeutung: *fie wird gefezt, als zufällig.* — Es ift wohl zu merken, dafs nichts von dem einmal in ihr feftgefezten verändert werden darf, fondern alles forgfältig beibehalten werden mufs. Die Anfchauung wird nur *weiter* beftimmt; aber alle einmal gefezte Beftimmungen bleiben.

Die Anfchauung X wird *als Anfchauung* als zufällig gefezt, heift: es wird ihr eine andere Anfchauung — nicht etwa ein anderes Objekt, eine andere Beftimmung, u. dergl. fondern, worauf hier alles ankommt, eine vollkommen wie fie beftimmte andere *Anfchauung* $=$ Y entgegengefezt, die im Gegenfatze mit der erftern nothwendig, und die erftere im Gegenfatze mit ihr zufällig ift.

ift. Y ift infofern von dem in X anfchauenden Ich völlig ausgefchloffen.

X fällt als Anfchauung — nothwendig in einen Punkt; Y als Anfchauung gleichfalls, aber in einen dem erftern entgegengefezten, und alfo von ihm völlig verfchiednen. Der eine ift nicht der andre.

Es fragt fich nur, welches denn die Nothwendigkeit fey, die der Anfchauung Y in Beziehung auf X und die Zufälligkeit, die der Anfchauung X in Beziehung auf Y zugefchrieben werde. Folgende: die Anfchauung Y ift mit ihrem Punkte nothwendig fynthetifch vereinigt, wenn X mit dem ihrigen vereinigt werden foll; die Möglichkeit der fynthetifchen Vereinigung X und ihres Punktes fezt die Vereinigung der Anfchauung Y mit ihrem Punkte voraus; nicht aber umgekehrt. In den Punkt, in welchem X gefezt wird, läfst fich, — fo fezt das Ich — auch eine andere Anfchauung fetzen; in denjenigen aber, in welchem Y gefezt ift, fchlechthin keine andre, als Y, wenn X als Anfchauung des Ich foll gefezt werden können.

Nur inwiefern diefe Zufälligkeit der Synthesis gefezt wird, ift X zu fetzen, als Anfchauung des Ich; und nur inwiefern diefer Zufälligkeit die Nothwendigkeit der gleichen Synthefis entgegengefezt wird, ift fie felbft zu fetzen.

(Es bleibt dabei freilich die weit fchwierigere Frage zu beantworten übrig, wodurch denn der Punkt X noch anders beftimmt, und beftimmbar feyn möge, denn durch die Anfchauung X und der Punkt Y anders, denn durch die Anfchauung Y. Bis jezt ift diefer Punkt

F 2   noch

noch gar weiter nichts, als dasjenige, worinn eine Wirkſamkeit des Ich und Nicht-Ich zuſammentreffen; eine Syntheſis, durch welche die Anſchauung, und welche allein durch die Anſchauung möglich wird, und ſo und nicht anders iſt er im vorigen §. aufgeſtellt worden. Nun iſt klar, daſs, wenn der Punkt X geſezt werden ſoll als derjenige, in welchem auch eine andere Anſchauung ſich ſetzen laſse, der Punkt Y aber im Gegenſatze als derjenige, in welchem keine andere ſich ſetzen laſſe, beide von ihren Anſchauungen ſich abſondern, und unabhängig von ihnen ſich von einander müſſen unterſcheiden laſſen. *Wie* dies möglich ſey, läſst ſich hier freilich noch nicht einſehen; wohl aber ſoviel, *daſs* es möglich ſeyn müſſe, wenn je eine Anſchauung dem Ich zugeſchrieben werden ſolle.)

II.) Wird A geſezt als Totalität, ſo wird B. ausgeſchloſſen. Bedeutet A das durch Freiheit zu beſtimmende Bild, ſo bedeutet B die ohne Zuthun des Ich beſtimmte Eigenſchaft. — In der Anſchauung X, inwiefern ſie überhaupt eine Anſchauung ſeyn ſoll, wird nach dem vorigen § ein beſtimmtes Objekt X ausgeſchloſſen; ſo auch in der ihr entgegengeſezten Anſchauung Y. Beide Objekte ſind als ſolche beſtimmt, d. h. das Gemüth iſt in Anſchauung derſelben genöthigt, ſie gerade ſo zu ſetzen, wie es ſie ſezt. Dieſe Beſtimmtheit muſs bleiben, und es iſt nicht die Rede davon, ſie zu ändern.

Aber welches Verhältniſs unter den Anſchauungen iſt, daſſelbe iſt nothwendig auch unter den Objekten. Mithin müſſe das Objekt X in Beziehung auf Y *zufällig*, dieſes aber in Beziehung auf jenes *nothwendig* ſeyn.

Die

Die Beſtimmung des X ſezt nothwendig die des Y voraus, nicht aber umgekehrt.

Nun aber ſind beide Objekte, *als Objekte der Anſchauung überhaupt*, vollkommen beſtimmt, und das geforderte Verhältnifs beider zu einander kann auf dieſe Beſtimmtheit ſich nicht beziehen, ſondern auf eine andere noch völlig unbekannte; auf eine ſolche, durch welche etwas nicht ein Objekt überhaupt, ſondern nur ein Objekt einer von einer andern Anſchauung zu unterſcheidenden Anſchauung wird. Die geforderte Beſtimmung gehört nicht zu den *innern* Beſtimmungen des Objekts (inwiefern von ihm der Satz $A = A$ gilt) ſondern ſie iſt eine äuſſere. Da aber ohne die geforderte Unterſcheidung es nicht möglich iſt, dafs eine Anſchauung in das Ich geſezt werde, jene Beſtimmung aber die Bedingung der geforderten Unterſcheidung iſt, ſo iſt das Objekt nur unter Bedingung dieſer Beſtimmtheit Objekt der Anſchauung, und ſie iſt ausſchlieſſende Bedingung aller Anſchauung. Wir nennen das unbekannte, durch welches das Objekt beſtimmt werden ſoll, indeſſen O, die Art, wie Y dadurch beſtimmt iſt z, die, wie X dadurch beſtimmt iſt, v.

Das gegenſeitige Verhältnifs iſt folgendes: X mufs geſezt werden, als ſynthetiſch zu vereinigend mit v, oder auch nicht; alſo auch v. als ſynthetiſch zu vereinigend mit X, oder mit jedem andern Objekte: Y dagegen als durch eine Syntheſis nothwendig mit z vereinigt, wenn X mit v vereinigt werden ſoll. — *Indem* v als zu *vereinigend* mit X geſezt wird, oder auch nicht, wird Y nothwendig geſezt, als *vereinigt* mit z, und daraus geht zugleich folgendes hervor: jedes mögliche Objekt ift mit v. zu vereinigen, nur nicht Y, denn es ift fchon unzertrennlich vereinigt. So auch X ift mit jedem möglichen O zu vereinigen, nur nicht mit z, denn mit diefem ift Y unzertrennlich vereinigt; von diefem ift es dahero fchlechthin ausgefchloffen.

X und Y find vom Ich völlig ausgefchloffen, das Ich vergifst und verliert fich felbft gänzlich in ihrer Anfchauung: das Verhältnifs beider alfo, von welchem hier die Rede ift, läfst fich fchlechterdings nicht von dem Ich ableiten, fondern es mufs *den Dingen felbft zugefchrieben werden*. — es erfcheint dem Ich, als nicht abhängig von feiner Freiheit, fondern als beftimmt durch die Dinge. — Das Verhältnifs war; weil z mit Y vereinigt ift, ift X davon fchlechthin ausgefchloffen. Dies auf die Dinge übertragen, mufs ausgedrükt werden: Y fchliefst X von z aus, es beftimmt daffelbe negativ. Gehe Y bis zum Punkte d, fo wird X bis zu diefem Punkte, gehe es bis c, fo wird X nur bis dahin ausgefchloffen, u. f. f. Da es aber gar keinen andern Grund giebt, warum X nicht mit z vereinigt werden kann, auffer den, dafs es durch Y davon ausgefchloffen wird, und da das begründete offenbar nicht weiter gilt, als der Grund, fo geht X beftimmt da an, wo Y aufhört es auszufchlieffen, oder wo Y ein Ende hat; und es kommt ihnen daher Continuität zu.

Diefes Ausfchlieffen, diefe Continuität ift nicht möglich, wenn nicht beide X und Y in einer gemeinfchaftlichen Sphäre find (welche wir hier freilich noch gar nicht kennen) und in derfelben in *einem* Punkte zufammentreffen. Im Setzen diefer Sphäre befteht die fynthetifche Vereinigung beider nach dem geforderten

derten Verhältniſſe. Es wird demnach durch abſolute Spontaneität der Einbildungskraft eine ſolche gemeinſchaftliche Sphäre producirt.

III.) Wird auf das ausgeſchloſsne B. reflektirt, ſo wird A dadurch ausgeſchloſſen von der Totalität (vom Ich). Da aber B. eben durch die Reflexion in das Ich aufgenommen, mithin ſelbſt mit A vereinigt als Totalität (als zufällig) geſezt wird, ſo muſs ein anderes B., in Rükſicht auf welches es zufällig iſt, ausgeſchloſſen, oder demſelben als nothwendig entgegengeſezt werden. Wir wenden dieſen allgemeinen Satz an auf den gegenwärtigen Fall.

Y iſt jezt, laut unſers Erweiſes, in Rükſicht ſeiner ſynthetiſchen Vereinigung mit einem noch völlig unbekannten O beſtimmt; und X iſt in Beziehung darauf, und vermittelſt deſſelben gleichfalls, wenigſtens *negativ* beſtimmt; es kann nicht auf die Art, wie Y durch O beſtimmt werden, ſondern nur auf eine entgegengeſezte; es iſt ausgeſchloſſen von der Beſtimmung des Y.

Beide müſſen, inwiefern ſie, was hier geſchieht, mit A vereinigt, oder in das Ich aufgenommen werden ſollen, *auch in dieſer Rükſicht* geſezt werden, als zufällig. Das heiſst zuförderſt, es wird ihnen nach dem im vorigen § deducirten Verfahren entgegengeſezt ein nothwendiges Y und X, in Beziehung auf welche beide zufällig ſind — die Subſtanzen, denen beide zukommen, als Accidenzen.

Ohne uns länger bei dieſem Gliede der Unterſuchung aufzuhalten, gehen wir ſogleich fort zur oben gleichfalls deducirten ſynthetiſchen Vereinigung des

jezt

jezt als zufällig gefezten mit dem ihm entgegengefezten nothwendigen. Nemlich, das im Ich aufgefafste und infofern zufällige Y ist Erfcheinung — bewirktes, Aeufferung der nothwendig vorauszufetzenden Kraft Y: X das gleiche; und zwar beide Aeufferungen *freier* Kräfte.

Welches Verhältnifs zwifchen Y und X als Erfcheinungen ist, daffelbe mufs auch zwifchen den Kräften feyn, die durch fie fich äuffern. Die Aeufferung der Kraft Y gefchieht demnach völlig unabhängig von der Aeufferung der Kraft X, umgekehrt aber ist die leztere in ihrer Aeufferung abhängig von der Aeufferung der erftern, und wird durch fie bedingt.

Bedingt fage ich, d. h. die Aeufferung von Y beftimmt die Aeufferung X nicht *pofitiv*, welche Behauptung in dem vorher deducirten nicht den mindeften Grund haben würde; es liegt nicht etwa in der Aeufferung Y der Grund, dafs die Aeufferung X gerade fo, und nicht anders ift: aber fie beftimmt fie *negativ*, d. h. es liegt in ihr der Grund, dafs X auf eine gewiffe beftimmte Art unter allen möglichen fich *nicht* äuffern kann.

Dies fcheint dem obigen zu widerfprechen. Es ift ausdrüklich gefezt, dafs X fowohl als Y fich durch freie fchlechthin uneingefchränkte Wirkfamkeit äuffern follen. Nun foll, wie foeben gefolgert worden, die Aeufferung von X durch die von Y bedingt feyn. Wir können dies vor der Hand nur negativ erklären. X wirkt fo gut, als Y fchlechthin, weil es wirkt; demnach ift die Wirkfamkeit von Y nicht etwa die Bedingung der Wirkfamkeit von X überhaupt und ihrer

Form

Form nach; und der Satz ist gar nicht so zu verstehen, als ob Y X afficire, auf dasselbe wirke, es dringe, und treibe, sich zu äussern. — Ferner, X ist in der Art und Weise seiner Aeusserung völlig frei, so wie Y; also kann das leztere eben so wenig die Art der Wirksamkeit der erstern, die Materie derselben, bedingen und bestimmen. Es ist demnach eine wichtige Frage, welche Beziehung denn nun noch wohl übrig bleiben möge, in welcher eine Wirksamkeit die andere bedingen könne.

Y und X sollen beide in einem synthetischen Verhältnisse zu einem völlig unbekannten O. stehen. Denn beide stehen, laut unsers Erweises, nothwendig, so gewifs dem Ich eine Anschauung zugeeignet werden soll, gegen einander selbst in einem gewissen Verhältnisse lediglich in Absicht ihres Verhältnisses zu O. Sie müssen demnach beide selbst, und unabhängig von einander in einem Verhältnisse zu O stehen. (Die Folgerung ist, wie sie seyn würde, wenn ich nicht wüste, ob A und B eine bestimmte Grösse hätten; aber wüste, dafs A grösser sey, als B. . Daraus könnte ich sicher folgern, dafs allerdings beide ihre bestimmte Grösse haben müsten.)

O mufs so etwas seyn, das die Freiheit beider in ihrer Wirksamkeit völlig ungestört läfst, denn beide sollen, wie ausdrüklich gefordert wird, frei wirken, und in, bei, und unbeschadet dieser freien Würksamkeit mit O synthetisch vereinigt seyn. Alles, worauf die Wirksamkeit einer Kraft geht, (was Objekt derselben ist, die einzige Art der synthetischen Vereinigung, die wir bis jezt kennen) schränkt durch seinen Widerstand
diese

diese Wirksamkeit nothwendig ein. Mithin kann Q gar keine Kraft, keine Thätigkeit, keine Intenfion haben; es kann gar nichts wirken. Es hat daher gar keine Realität, und ift Nichts. — Was es etwa doch noch feyn möge, werden wir wahrscheinlich in der Zukunft fehen. Das oben aufgeftellte Verhältnifs war: Y und z, find fynthetifch vereinigt, und dadurch wird X von z ausgefchloffen. Wie wir eben gefehen haben, ift diefe fynthetifche Vereinigung des Y mit z. durch eigne, freie, ungeftörte Wirkfamkeit der innern Kraft Y gefchehen; doch ift z. keineswegs Produkt diefer Wirkfamkeit felbft, fondern mit demfelben nur nothwendig vereinigt, mufs daher von ihm auch unterfchieden werden können. Nun wird ferner eben durch diefe Vereinigung die Wirkfamkeit des X und ihr Produkt *ausgeschloffen* von z, demnach ift z *die Sphäre der Wirkfamkeit* von Y. — z ift, nach obigem, *nichts, denn diefe Sphäre*; es ift gar nichts an fich, es hat keine Realität, und es läfst fich ihm gar kein Praedikat beilegen, als das fo eben deducirte. — Ferner, z ift die Sphäre der Wirkfamkeit *blofs und lediglich* von Y, denn dadurch, dafs es als folche gefezt wird, wird X und jedes mögliche Objekt davon ausgefchloffen. Die Sphäre der Wirkfamkeit von Y oder z bedeuten Eins und eben daffelbe, fie find völlig gleichgeltend; z ift nichts weiter, denn diefe Sphäre, und diefe Sphäre ift nichts anderes, denn z. z. ift nichts, wenn Y nicht wirkt, und Y wirkt nicht, wenn z nicht ift. Die Wirkfamkeit von Y *erfüllt* z, d, h. fie fchliefst alles andre davon aus, was nicht die Wirkfamkeit von Y ift. (An eine Extenfion ift hier noch nicht zu denken, denn fie ift noch nicht nachgewiefen, und fie foll durch jenen Ausdruk keineswegs erfchlichen werden.)

Geht

Geht z bis zum Punkte c. d. e. u. f. f., fo ift die Wirkfamkeit des X ausgefchloffen bis c. d. e. u. f. f. Da die leztere aber mit z. lediglich darum nicht vereinigt werden kann, weil fie durch Y davon ausgefchloffen wird, fo ift nothwendig Continuität zwifchen den Sphären der Wirkfamkeit beider, und fie treffen in einem Punkte zufammen. Die Einbildungskraft vereinigt beides, und fezt z und —z, oder, wie wir es oben beftimmten, $v = 0$.

Aber die Wirkfamkeit des X foll unbefchadet der Freiheit deffelben ausgefchloffen feyn von z. Diefes Ausfchliefsen gefchieht nicht unbefchadet feiner Freiheit, wenn durch die Erfüllung des z. durch Y etwas in X negirt, aufgehoben, eine ihm an fich mögliche Kraftäufserung unmöglich gemacht wird. Die Erfüllung von z. durch feine Wirkfamkeit mufs demnach *gar keine mögliche Aeufserung des X feyn*; es mufs in ihm gar keine Tendenz dafür, und dahin liegen. Z ift fchon aus einem innern in X felbft liegenden Grunde nicht Wirkungsfphäre deffelben, oder vielmehr, es liegt in X gar kein Grund, dafs z feine Wirkungsfphäre feyn könnte; fonft würde daffelbe befchränkt, und wäre nicht frei.

Mithin treffen beide Y und X zufällig in einem Punkte, der abfoluten fynthetifchen Einheit des abfolut entgegengefezten (nach obigem) zufammen, ohne alle gegenfeitige Einwirkung, ohne alles Eingreifen in einander.

IV.) A+B foll beftimmt werden durch B. Bisher ift dadurch nur B beftimmt worden; aber mittelbar wird auch

auch A dadurch beſtimmt. Dies hieſs oben: das, was im Ich iſt, und da weiter nichts im Ich iſt, als die Anſchauung, — das Ich ſelbſt iſt durch das Nicht-Ich beſtimmt, und das, was in ihm iſt, und daſſelbe ausmacht, iſt mittelbar ſelbſt ein Produkt deſſelben. Wir wenden dies auf den gegenwärtigen Fall an.

X iſt Produkt des Nicht-Ich, und iſt ſeiner Wirkungsſphäre nach beſtimmt im Ich; Y gleichfalls, beide durch ſich ſelbſt in ihrer abſoluten Freiheit. Beide durch ihr zufälliges Zuſammentreffen beſtimmen auch den Punkt dieſes ihres Zuſammentreffens, und das Ich verhält dagegen ſich bloſs leidend.

So ſoll und kann es nicht ſeyn. Das Ich, ſo gewiſs es Ich iſt, muſs mit Freiheit die Beſtimmung entwerfen. — Oben löſten wir im Allgemeinen dieſe Schwierigkeit auf folgende Weiſe: Die ganze Reflexion überhaupt auf etwas als Subſtanz — auf das daurende, und wirkende, — das dann, wenn es einmal ſo geſetzt iſt, freilich in nothwendigem ſynthetiſchen Zuſammenhange mit ſeinem Produkte ſteht, und davon nicht mehr zu trennen iſt — hängt von der abſoluten Freiheit des Ich ab. Hier wird ſie gerade ſo gelöſt. Es hängt von der abſoluten Freiheit des Ich ab, ob es auf Y und X als auf ein *dauerndes*, *einfaches* reflektiren wolle, oder nicht. Reflektirt es darauf, ſo muſs es nach dieſem Geſetze freilich Y in den Wirkungskreis z. und denſelben ausfüllend, und in C den Grenzpunkt zwiſchen dem Wirkungskreiſe beider ſetzen; aber es könnte auch nicht ſo reflektiren, ſondern es könnte ſtatt Y und X jedes mögliche als Subſtanz durch abſolute Freiheit ſetzen.

Um

Um dies fich recht deutlich zu machen, denke man fich die Sphäre z, und die Sphäre v. als zufammenhängend im Punkte C., wie fie denn wirklich alfo gefezt worden find. Das Ich kann in die Sphäre z, ftatt Y. fetzen ein a und ein b; z zum Wirkungskreife beider machen, und es theilen im Punkte g. Dasjenige, was jezt Wirkungskreis des a ift, heifse h. Aber es ift eben fo wenig genöthigt in h a als untheilbare Subftanz zu fetzen, fondern es konnte ftatt deffelben auch fetzen e und d, und demnach h im Punkte e theilen in f und k und fo ins unendliche. Wenn es aber einmal ein a und ein b gefezt hat, fo mufs es ihnen einen in Einem Punkte zufammentreffenden Wirkungskreis anweifen, nach dem oben deducirten Gefetze.

Diese Zufälligkeit des Y und eben fo feines Wirkungskreises für das Ich *mufs daffelbe durch die Einbildungskraft wirklich fetzen*, aus dem fchon oft angegebnen Grunde.

Alfo O wird gesezt als *ausgedehnt, zufammenhängend, theilbar in's unendliche*, und ift der *Raum*.

1). Indem die Einbildungskraft, wie fie foll, die Möglichkeit ganz andrer Subftanzen mit ganz andern Wirkungskreifen in dem Raume z fezt, *fondert fie den Raum von dem Dinge, das ihn würklich erfüllt*, ab, und entwirft einen leeren Raum; aber lediglich zum Verfuche, und im Uebergehen, um ihn fogleich wieder mit beliebigen Subftanzen, die beliebige Wirkungskreife haben, zu erfüllen. Demnach ift gar kein leerer Raum, als lediglich in diefem Uebergehen der Einbildungskraft von der Erfüllung des Raums durch A zur beliebigen Erfüllung deffelben mit b. c. d. u. s. f.

2). Der

2). Der unendlich kleinste Theil des Raums ist immer ein Raum, etwas, das Continuität hat, nicht aber ein blofser Punkt, oder die Grenze zwischen bestimmten Stellen im Raume; und diefes darum, weil in ihm gesezt werden kann, und inwiefern er felbst gesezt wird, wirklich durch die Einbildungskraft gesezt wird, eine Kraft, die fich nothwendig äuffert, und die nicht gesezt werden kann, ohne als fich äuffernd gesezt zu werden, laut der im vorigen §. vorgenommenen Synthefis der freien Wirksamkeit; fie kann fich aber nicht äuffern, ohne eine Sphäre ihrer Aeufferung zu haben, die weiter auch nichts ist, denn eine solche Sphäre, laut der in diesem §. vorgenommenen Synthefis.

3). Demnach find Intenfität und Extenfität nothwendig synthetifch vereinigt, und man mufs das eine nicht ohne das andere deduciren wollen. Iede Kraft erfüllt (nicht durch fich selbst, *fie ist nicht im Raume, und ist an fich, ohne eine Aeufferung, gar Nichts*) aber durch ihr nothwendiges Produkt, welches eben der synthetifche Vereinigungsgrund der Intenfität und Extenfität ist, nothwendig eine Stelle im Raume; und der Raum ist nichts weiter, als das durch diese Produkte erfüllte, oder zu erfüllende.

4). Auffer den innern Beftimmungen der Dinge, die fich aber lediglich auf das Gefühl (des mehrern oder mindern Gefallens oder Misfallens) beziehen, und dem theoretifchen Vermögen des Ich gar nicht zugänglich find, z. B dafs fie bitter, oder füfs, rauh oder glatt, fchwer oder leicht, roth, oder weifs u. s. f. find, und von denen man demnach hier völlig abstrahiren mufs, find die Dinge durch gar nichts zu unterscheiden, als
durch

durch den Raum, in welchem fie fich befinden. Dasjenige also, was den Dingen fo zukommt, dafs es ihnen, und gar nicht dem Ich zugefchrieben wird, aber doch nicht zu ihrem innern Wefen gehört, ift der Raum, den fie einnehmen.

5). Aber aller Raum ift gleich, und durch ihn ift demnach auch keine Unterfcheidung, und Beftimmung möglich, aufser unter der Bedingung, dafs fchon ein Ding $=$ Y in einem gewiffen Raume gefezt, und diefer dadurch beftimmt, und charakterifirt fey, und nun von X gefagt werde: es ift in einem *andern* Raume — (verfteht fich, als Y). Alle Raumbeftimmung fezt einen erfüllten, und durch die Erfüllung beftimmten Raum voraus. — Setzet A in den unendlichen leeren Raum; es bleibt fo unbeftimmt, als es war, und ihr könnt mir die Frage, *wo* es fey, nicht beantworten, denn ihr habt keinen beftimmten Punkt, nach welchem ihr meffen, von welchem aus ihr euch orientiren könntet. Die Stelle, welche es einnimmt, ift durch nichts beftimmt, als durch A, und A ift durch nichts beftimmt, als durch feine Stelle. Mithin ift da fchlechthin keine Beftimmung, als lediglich, weil und inwiefern ihr eine fetzet; es ift eine Synthefis durch abfolute Spontaneität. — Um es finnlich auszudrücken: A könnte fich, für irgend eine Intelligenz, die einen Punkt, von welchem, und einen Punkt, zu welchem im Gefichte hätte, unaufhörlich im Raume fort bewegen, ohne dafs ihr es bemerktet, weil für euch keine folche Punkte da find, fondern nur der grenzenlofe, leere Raum. Für euch wird es daher immer in feiner Stelle bleiben, fo gewifs es im Raume bleibt, denn es ift in ihr, abfolut

da-

dadurch, daſs ihr es in ſie ſezt. Setzet B daneben;
dieſes iſt beſtimmt, und wenn ich euch frage, wo es ſey,
ſo antwortet ihr mir: neben A; und ich bin dadurch allerdings befriediget, wenn ich nur nicht weiter frage;
aber wo iſt denn A? Setzet neben B C D E. u. s. f.
ins unbedingte, ſo habt ihr für alle dieſe Gegenſtände
relative Ortsbeſtimmungen; aber ihr mögt den Raum
erfüllen, ſo weit ihr wollt, ſo iſt dieſer erfüllte Raum
doch immer ein endlicher, der zum unendlichen gar
kein Verhältniſs haben kann, und mit welchem es beſtändig fort die gleiche Bewandniſs hat, wie mit A.
Er iſt beſtimmt, lediglich weil ihr ihn beſtimmt habt,
kraft eurer abſoluten Syntheſis. —, Eine handgreifliche
Bemerkung, wie mir es ſcheint, von welcher aus man
ſchon längſt auf die Idealität des Raums hätte fallen
ſollen.

6). Das Objekt der *gegenwärtigen* Anſchauung wird,
als ſolches, dadurch bezeichnet, daſs wir es in einen
Raum, als *leeren* Raum, durch die Einbildungskraft
ſetzen; aber dies iſt, wie gezeigt worden, nicht möglich, wenn nicht ein ſchon erfüllter Raum vorausge-
ſezt wird. — Eine abhängige Succeſſion der Raumer-
füllung; in welcher man aber, aus Gründen, die tiefer unten ſich zeigen werden, immer wieder zurükgehen kann.

V.) Die Freiheit des Ich ſollte dadurch wieder her-
geſtellt, und das Nicht-Ich (die Beſtimmung des Y und
des X im Raume) als zufällig geſezt werden, daſs das
Ich geſezt würde, als frei mit z. Y zu verbinden, oder
auch a b c u. s. f. und dadurch, daſs dieſe Freiheit geſezt wurde, zeigte ſich erſt O. als Raum. Dieſe Art der

Zufäl-

Zufälligkeit, ist ausgemittelt, und sie bleibt; aber es ist die Frage, ob die Schwierigkeit dadurch befriedigend gelöst worden.

Zwar ist das Ich überhaupt frei, im Raume Y. X. oder a. b. c. u. s. f. zu setzen: aber *wenn* es auf X als Substanz reflektiren soll, von welcher Voraussetzung wir ausgegangen sind, so *muſs es nothwendig*, laut des oben aufgezeigten Gesetzes, Y als bestimmte Substanz, und daſſelbe als durch den Raum z bestimmt, setzen; es ist daher unter jener Bedingung nicht frei. Ferner ist es sodann auch in Absicht der Ortsbestimmung von X bestimmt, und nicht frei; es muſs daſſelbe neben Y setzen. Das Ich bleibt demnach, unter der zu Anfange des §. gemachten Voraussetzung bestimmt und gezwungen Aber es muſs frei seyn: und der noch fortdauernde Widerspruch muſs gelöst werden. Er läſst sich nur folgendermaaſsen lösen. Y und X müſſen beide noch auf eine andere Art bestimmt, und entgegengesezt seyn, auſſer durch ihre Bestimmtheit, und Bestimmbarkeit im Raume, denn beide wurden oben abgesondert von ihrem Raume, demnach gesezt, als etwas für sich bestehendes, und für sich unterschiedenes von jedem andern. Sie müſſen noch anderweitige charakteristische Merkmale haben, kraft welcher von ihnen der Satz A=A gilt, z. B. X sey roth, Y gelb u. dergl. Nun bezieht sich die Regel der Ortsbestimmung gar nicht auf diese Merkmale, und es ist nicht gesagt, daſs Y als gelbes das im Raume bestimmte, und X als rothes das nach jenem im Raume bestimmbare seyn solle; sondern sie geht auf Y als auf ein bestimmtes, und in keiner andern Rükficht, auf X als auf ein bestimmbares, und in

G 2   kei-

keiner andern Rükficht; fie fagt, dafs das Objekt der zu fetzenden Anfchauung nothwendig ein beftimmbares feyn müffe, und kein beftimmtes feyn könne, und dafs ihm ein beftimmtes entgegengefezt werden müffe, das infofern kein beftimmbares feyn könne. Ob eben X als anderweitig durch seine innern Merkmale beftimmtes; oder Y als durch die feinigen beftimmtes, — beftimmbares oder beftimmtes im Raume feyn folle, bleibt dadurch gänzlich unentfchieden. Und hier hat denn die Freiheit ihren Spielraum; fie mufs ein beftimmtes, und ein beftimmbares entgegenfetzen; aber fie kann unter anderweitig entgegengefezten zum beftimmten machen, welches fie will, und zum beftimmbaren, welches fie will. Es ift lediglich von der Spontaneität abhängig, ob X durch Y oder Y durch X beftimmt werde.

(Es ift gleichgültig, welche Reihe im Raume man befchreibe, ob von A zu B oder umgekehrt; ob man B neben A fetze, oder A neben B, denn die Dinge fchliefsen fich im Raume *wechfelfeitig* aus).

VI). Das Ich kann zum beftimmten, oder beftimmbaren machen, welches es will, und es fezt diefe feine Freiheit durch die Einbildungskraft auf die fo eben angezeigte Art. Es fchwebt zwifchen Beftimmtheit, und Beftimmbarkeit, fchreibt beiden beides, oder, was das gleiche heifst, keinem keines zu. Aber, fo gewifs eine Anfchauung, und ein Objekt einer Anfchauung vorhanden feyn foll, mufs, laut dem Gesetze, von welchem wir ausgegangen find, das Ich *Eins* von den beiden an fich beftimmten *zum beftimmbaren im Raume* machen.

Warum

Warum es eben X oder Y oder jedes mögliche andre als beſtimmbares ſetze, darüber läſst ſich kein Grund anführen, und es ſoll gar keinen ſolchen Grund geben, denn es wird durch abſolute Spontaneität gehandelt. Dieſes nun zeigt ſich durch Zufälligkeit. Nur hat man wohl zu merken, worin eigentlich dieſe Zufälligkeit liege.

Durch Freiheit wurde ein beſtimmbares, deſſen Beſtimmbarkeit als ſolche nach dem Geſetze nothwendig iſt, und welches als Objekt der Anſchauung ein beſtimmbares ſeyn muſs, geſezt; im *Geſeztſeyn*, oder *Daſeyn* des Beſtimmbaren liegt demnach die Zufälligkeit. Das Setzen des Beſtimmbaren wird ein Accidens des Ich, welches ſelbſt zum Gegenſatze, geſezt wird als Subſtanz, nach der im vorigen §. angeführten Regel.

VII). Gerade wie im vorigen §. bei dem gegenwärtigen Punkte unſers ſynthetiſchen Verfahrens überhaupt, ſo ſind auch hier Ich und Nicht Ich völlig entgegengeſezt, und von einander unabhängig. Innere Kräfte im Nicht Ich wirken mit abſoluter Freiheit, erfüllen ihre Wirkungsſphäre, fallen zufällig in Einem Punkte zuſammen, und ſchlieſſen dadurch gegenſeitig, unbeſchadet der Freiheit beider, ſich aus von ihren Wirkungsſphären, oder wie wir jezt wiſſen, aus ihren Räumen. — Das Ich ſezt als Subſtanz, was es will, theilt gleichſam den Raum aus an Subſtanzen, wie es will; beſtimmt ſich ſelbſt durch abſolute Freiheit, was es zu dem im Raume beſtimmten, was es in ihm zum beſtimmbaren machen wolle; oder wählt durch Freiheit nach welcher Richtung, es den Raum durchlaufen wolle. Dadurch iſt aller Zuſammenhang zwiſchen dem Ich und Nicht Ich aufgehoben; beide hängen durch nichts mehr zusammen, als durch den leeren Raum, welcher aber, da er völlig leer, und gar nichts weiter seyn soll, als die Sphäre, in welche das Nicht Ich frei seine Produkte realiter, und das Ich gleichfalls frei seine Produkte, als erdichtete Produkte eines Nicht-Ich, idealiter sezt, keins von beiden beschränkt, noch sie an einander knüpft. Das Entgegengesezt seyn, und dies unabhängige Daseyn des Ich, und des Nicht-Ich ist erklärt, nicht aber die geforderte Harmonie zwischen beiden. — Den Raum nennt man mit Recht die Form, d. i. die subjektive Bedingung der Möglichkeit der äussern Anschauung. Giebt es nicht noch eine Form der Anschauung, so bleibt die geforderte Harmonie zwischen der Vorstellung, und dem Dinge, die Beziehung derselben auf einander, demnach auch sogar ihre Entgegensetzung durch das Ich, unmöglich. Wir setzen unsern Weg fort, und werden auf ihm ohne Zweifel diese Form finden.

VIII).

1). Y und X in allen ihren möglichen Verhältnissen und Beziehungen unter einander, so auch in ihrem Verhältnisse zu einander im Raume, — beide sind Produkte der freien Wirksamkeit des vom Ich völlig unabhängigen Nicht Ich. Sie sind dieses aber nicht, und sind überhaupt gar nicht *für das Ich*, ohne eine eigne freie Wirksamkeit desselben von seiner Seite.

2). Diese Wirksamkeit beider, des Ich, und Nicht-Ich, muſs Wechſelwirkſamkeit seyn, d. i. die

die Aeußerungen beider müssen zusammentreffen in einem Punkte: der absoluten Synthesis beider durch die Einbildungskraft. Diesen Vereinigungspunkt *sezt* das Ich durch sein absolutes Vermögen, und es sezt ihn, als *zufällig*, d. i. *das Zusammentreffen der Wirksamkeit beider entgegengesezten* ist zufällig, laut des vorigen §.

3.) So wie eins von beiden Y oder X gesezt werden soll, muſs ein solcher Punkt gesezt werden. Es wird ein Objekt gesezt, heiſst, es wird mit einem solchen Punkte, und vermittelst seiner mit einer Wirksamkeit des Ich synthetisch vereinigt.

4). Das Ich schwebt in Rükficht der Bestimmtheit oder Unbestimmtheit des Y oder X frei zwischen entgegengesezten Richtungen, heiſst demnach: es hängt lediglich von der Spontaneität des Ich ab, ob es Y oder X *mit dem Punkte*, und *dadurch mit dem Ich* synthetisch vereinigen werde.

5). Diese so bestimmte Freiheit des Ich muſs gesezt werden durch die Einbildungskraft; die *bloſse Möglichkeit* einer Synthesis des Punktes und einer Wirksamkeit des Nicht Ich muſs gesezt werden. Dies ist nur möglich unter der Bedingung, daſs der *Punkt* von der *Wirksamkeit des Nicht-Ich* abgesondert gesezt werden könne.

6) Aber ein solcher Punkt ist gar nichts, denn eine Synthesis der Wirksamkeit des Ich und Nicht-Ich; mithin kann von ihm nicht alle Wirksamkeit des

des Nicht Ich abgefondert werden, ohne dafs er felbft gänzlich verfchwinde. Demnach wird nur das beftimmte X davon abgefondert, und dagegen ein unbeftimmtes Produkt, das a b c u. s. f. feyn kann, ein Nicht Ich überhaupt, mit ihm fynthetifch vereinigt; das leztere, damit er feinen beftimmten Charakter als synthetifcher Punkt behalte. (Dafs es so feyn mufs, ift aus fchon oben angeführten Gründen klar. Das Zufammentreffen des X mit der Wirkfamkeit des Ich, foviel als mit dem jezt zu unterfuchenden Punkte, follte zufällig feyn, und als folches gefezt werden; das heifst offenbar foviel als, es foll gefezt werden, als damit zu vereinigend, oder auch nicht, demnach an feiner Stelle jedes mögliche Nicht Ich).

7). Das Ich foll, laut unfrer ganzen Vorausfetzung den Punkt mit X wirklich fynthetifch vereinigen; denn es foll eine Anfchauung von X vorhanden feyn, welche fchon *als folche*, als blofse Anfchauung, ohne diefe Synthefis nicht möglich ift, laut des vorigen §. Diefe Synthefis nun gefchieht, wie vorher erwiefen worden, mit abfoluter Spontaneität ohne allen Beftimmungsgrund. Aber dadurch, dafs X mit dem Punkte vereinigt wird, wird alles mögliche übrige von ihm ausgefchloffen; denn er ift der Vereinigungspunkt des Ich mit einer, als Subftanz, als felbftftändig, einfach, und frei wirkend gefezten Kraft im Nicht Ich; alfo werden mehrere mögliche Kräfte dadurch ausgefchloffen.

8). Die-

8). Diefes zufammenfetzen foll nun wirklich ein Zufammen*fetzen* feyn, und als folches gefezt werden, d. i. es foll gefchehen durch abfolute Spontaneität des Ich, und das Zeichen derfelben, die *Zufälligkeit*, in keiner der oben angeführten Rükfichten, fondern auch indem die Synthefis wirklich gefchieht, und wirklich alles übrige ausgefchloffen wird, an fich tragen, und mit diefem Zeichen, und Merkmale gefezt werden. Dies ift nicht möglich, auffer durch Entgegenfetzung einer andern nothwendigen Synthefis eines beftimmten Y mit einem Punkte; und zwar nicht mit dem des X, denn von ihm wird durch diefe Synthefis alles andre ausgefchloffen, fondern mit einem *andern entgegengefezten* Punkte. Er heifse der Punkt c, und der mit welchem X vereinigt ift d.

9). Diefer Punkt c ift, was der Punkt d ift — fynthetifcher Vereinigungspunkt der Wirkfamkeit des Ich, und Nicht Ich. Aber darin ift er dem Punkte d entgegengefezt, dafs mit dem leztern die Vereinigung betrachtet wird, als abhängig von der Freiheit; alfo, als auch anders feyn könnend; in c aber als nothwendig; fie kann nicht gefezt werden, als anders feyn könnend. (Die fynthetifche Handlung ift gefchloffen, völlig vorbei, und fie fteht nicht mehr in meiner Hand.)

10). Die Zufälligkeit der fynthetifchen Vereinigung mit d mufs gefezt werden, mithin mufs auch die Nothwendigkeit der Vereinigung mit c gefezt werden. Es müffen demnach beide in diefer Beziehung gefezt werden, als nothwendig, und zufällig in Rükficht auf einander. Wenn die fynthetifche Vereinigung mit d gefezt werden foll, fo mufs die mit c als gefchehen gefezt werden; nicht aber wird umgekehrt, wenn die mit c gefezt wird, die mit d als gefchehen gefezt.

11). Nun foll die Synthefis mit d gefcheben, laut Poftulats; wird fie als folche gefezt, fo wird fie nothwendig gefezt als *abhängig*, bedingt durch die Synthefis mit c. Nicht aber ift umgekehrt c bedingt durch d.

12) Nun foll ferner die Synthefis mit c gerade das feyn, was die mit d ift, eine willkührliche zufällige Synthefs. Wird fie als folche gefezt, fo mufs ihr wieder eine andre mit b als nothwendig entgegengefezt werden, von welcher fie abhängig, und durch fie bedingt ift, nicht aber umgekehrt diefe durch fie. Ferner ift b das gleiche, was c und d ift, eine zufällige Synthefis; und inwiefern fie als folche gefezt wird, wird ihr eine andre nothwendige mit a entgegengefezt, zu welcher fie fich gerade fo verhält, wie fich zu ihr c und zu c d verhält; und fo ins unendliche hinaus. Und fo bekommen wir eine Reihe Punkte, als fynthetifche Vereinigungspunkte einer Wirkfamkeit des Ich, und des Nicht Ich in der Anfchauung, wo jeder von einem beftimmten andern abhängig ift, der umgekehrt von ihm nicht wieder abhängt, und jeder einen beftimmten andern hat, der von ihm

ihm abhängig ift, ohne dafs er felbft hinwiederum
von ihm abhänge; kurz eine *Zeit-Reihe*.

13.) Das Ich fezte fich, nach obiger Erörterung,
als völlig frei, mit dem Punkte zu vereinigen,
was es nur wollte; alfo das gefammte unendliche
Nicht-Ich. Der fo beftimmte Punkt ift nur zufällig, und nicht nothwendig; nur abhängig, ohne
einen andern zu haben der von ihm abhängt, und
heifst der *gegenwärtige*.

14). Demnach find, wenn von der fynthetifchen
Vereinigung eines beftimmten Punktes mit dem
Objekte, mithin von der gefammten Wirkfamkeit
des Ich, die nur durch diefen Punkt mit dem Nicht-
Ich vereinigt ift, abftrahirt wird, die Dinge, an
fich, und unabhängig von dem Ich betrachtet, *zugleich* (d. i. fynthetifch vereinbar mit einem und
eben demfelben Punkte) im Raume; aber fie können nur *nach einander*, in einer fuccefsiven Reihe,
deren jegliches Glied von einem andern abhängig
ift, ohne dafs daffelbe von ihm abhänge, wahrgenommen werden in der Zeit.

Wir machen hierbei noch folgende Bemerkungen:

a). Es ift für uns überhaupt gar keine *Vergangenheit*, als inwiefern fie in der *Gegenwart* gedacht
wird. Was geftern war, (man mufs fich wohl trans-
scendent ausdrücken, um fich überhaupt ausdrücken
zu können) *ift nicht*; es ift lediglich, inwiefern
ich im gegenwärtigen Augenblicke denke, *dafs es
geftern war*. Die Frage: ift denn nicht wirklich
eine

eine Zeit vergangen, ist mit der; giebt es denn ein Ding an sich, oder nicht, völlig gleichartig. Es ist allerdings eine Zeit vergangen, wenn ihr eine fetzet, als vergangen; und wenn ihr jene Frage aufwerft, fetzet ihr eine vergangne Zeit; wenn ihr sie nicht fetzet, werft ihr jene Frage nicht auf, und es ist sodann keine Zeit für euch vergangen. — Eine sehr greifliche Bemerkung, welche schon längst zu den richtigen Vorstellungen über die Idealität der Zeit hätte führen sollen.

b). Aber es ist für uns nothwendig eine Vergangenheit, denn nur unter Bedingung derselben ist eine Gegenwart, und nur unter Bedingung einer Gegenwart ein Bewußtseyn möglich. Wir wiederholen im Zusammenhange den Beweis des lezten, welcher eben in diesem §. geführt werden sollte. — Bewußtseyn ist nur möglich unter der Bedingung, daß das Ich ein Nicht Ich sich entgegensetze; dieses Entgegensetzen begreiflicher Weise nur unter der Bedingung, daß es seine ideale Thätigkeit auf das Nicht Ich richte. Diese Thätigkeit ist die seinige, und nicht die des Nicht-Ich, lediglich inwiefern sie frei ist, inwiefern sie demnach auf jedes andre Objekt gehen könnte, als auf dieses. So muß sie gesezt werden, wenn ein Bewußtseyn möglich seyn soll, und so wird sie gesezt, und das ist der Charakter des gegenwärtigen Moments, daß auch jede andre Wahrnehmung in ihn fallen könnte. Dies ist nur möglich unter Bedingung eines andern Moments, in den keine andre Wahrnehmung gesezt werden kann, als diejenige, welche

in

in ihn gefezt ift; und das ift der Charakter des vergangnen Moments. Das Bewußtfeyn ift alfo nothwendig Bewußtfeyn der Freiheit, und der Identität; das leztere darum, weil jeder Moment, fo gewifs er ein Moment feyn foll, an einen andern geknüpft werden mufs. Die Wahrnehmung B ift keine Wahrnehmung, wenn nicht eine andere A deffelben Subjekts vorausgefezt wird. Möge jezt A immer verfchwinden; foll das Ich zur Wahrnehmung C fortgehen, fo mufs wenigftens B als Bedingung derfelben gefezt werden; und fo in's unendliche fort. An diefer Regel hängt die Identität des Bewußtfeyns, für welche, der Strenge nach, wir immer nur zweier Momente bedürfen. — Es giebt gar keinen *erften* Moment des Bewußtfeyns, fondern nur einen *zweiten*.

c). Allerdings kann der vergangne Moment, und jeder mögliche vergangne Moment wieder zum Bewußtfeyn erhoben, repraefentirt oder vergegenwärtiget, gefezt werden, als in dem/elben Subjekte vorgekommen, wenn darauf reflektirt wird, dafs in ihn doch auch eine andre Wahrnehmung *hätte fallen können.* Dann wird demfelben wieder ein andrer ihm vorhergehender entgegengefezt, in welchen, *wenn* in den leztern einmal eine gewiffe beftimmte Wahrnehmung gefezt werden foll, keine andre fallen konnte, als die, welche in ihn gefallen ift. Daher kommt es, dafs wir immer, foweit wir nur wollen, ja in's unbedingte, und unendliche hinaus, zurükgehen können.

d). Eid). Eine beſtimmte Quantität des Raums iſt immer *zugleich*; eine Quantität der Zeit immer *nach einander*. Daher können wir das eine nur durch das andre meſſen; den Raum durch die Zeit, die man braucht, um ihn zu durchlaufen; die Zeit durch den Raum, den wir, oder irgend ein regelmäſsig ſich fortbewegender Körper (die Sonne, der Zeiger an der Uhr, der Pendul) in ihr durchlaufen kann.

Schluſs-Anmerkung.

Kant geht in der Kritik d. r. Vſt. von dem Reflexionspunkte aus, auf welchem Zeit, Raum, und ein Mannigfaltiges der Anſchauung gegeben, in dem Ich, und für das Ich ſchon vorhanden ſind. Wir haben dieſelben jezt a priori deducirt, und nun ſind ſie im Ich vorhanden. Das Eigenthümliche der Wiſſenſchaftslehre in Rükſicht der Theorie iſt daher aufgeſtellt, und wir ſetzen unſern Leſer vor jetzo gerade bei demjenigen Punkte nieder, wo *Kant* ihn aufnimmt.